フキサチーフ

松下洸平

角川書店

フキサチーフ

目次

知る煌めき　7
大阪　13
居場所　19
俳優証　27
綿毛　33
ハイエース　39
さくらんぼ　45
笑顔バトン　51

走るということ　57
ヒーロー　63
知らんぷり　69
鬆　75
師走、猫になる。　81
ペース　87
これは私のペンですか？　93
エバーフレッシュ　99
仕事　105
鎧　111

俺　117
あの時もっと話しておけば　123
かけ　129
記憶　135
終わりの時　141
タンテキくん　147
お正月について　153
元旦が晴れてる理由　159
成分分析　165
好き嫌い　171

じいちゃん　177
闘争心　185
エッグトースト　191
栗山さん　197
夏の口癖　203
運転手さん　209
お腹が痛くなった時　215
名前のない思いたち　221
あとがき　226

イラストレーション
松下洸平

装丁
五十嵐ユミ

知る煌めき

２０２１年１月、新しい机と椅子を買った。アンティークの家具サイトで見つけた濃いグリーンの机と革張りのオフィスチェア。

それまでの僕は食事をするのも、絵を描くのも、居間の地べたに座布団を敷いて座り、背中を丸くしながらローテーブルで済ませていた。せっかく『ダ・ヴィンチ』での連載が決まったのだから、まずは執筆用の机と椅子が必要だと思った。僕は何ごとも形から入るタチだ。そして恐ろしく単純だ。作家先生にでもなった気分で机の前に座ると、何やら途端に創作意欲が湧いてくる。おお、書けそうだ！　実際には〈そう〉になっただけだったが、新しいことを始める時はスキルやメソッドを身に付けるよりも、まずその道のプロだと思い込むようにしている。これのお陰でなんの躊躇もなくスタートダッシュできる。

僕はこの力を「思い込み力」と呼んでいる。

子どもの頃から、この思い込み力の効果は絶大だった。小学生の頃にやった木登り選手権の時もそうだった。

僕は自分を猿だと思い込んだのだ。「僕は猿だから木登りが上手い」と思い込むところまでは誰しもできるだろう。が、僕の思い込みはその先まで行くことができる。「僕は猿だ。たまらなくあの木に登りたい。いや、登らねば。というか、あの木に帰ろう！」と思い込むところまで意識を持っていくのだ。あの時ヨーイドン！のかけ声を聞いた次の瞬間には、クラスメイトの誰よりも先に大きな木の天辺で世界を睨んでいた。

あの木を下りてから20数年後の２０２１年2月現在、33歳になった僕は、この力が遺憾無く発揮できる、俳優という仕事をしている。俳優こそ、思い込む仕事だ。その思いが強ければ強いほど役にリアリティが吹き込まれ、やがて作品に命が宿る。

僕が俳優になりたいと思ったのは22歳の頃。ミュージシャンとしての夢を半ば諦めかけていた僕を演劇に誘ってくれた演出家に「本気で俳優になりたい」と打ち明けた。その方は僕に「10年食えないと思ったほうがいい。それでもやれる？」と聞いた。僕は何も返せなかった。なぜなら、ただ芝居がしたい、舞台に立ちたいと、それだけを考えていた僕にとって、この職業で食えるようになるまでにどれほどの時間がかかるかは、そもそも問題の範疇ではなかったからだ。「茨の道だ、それでもやれる覚悟があるのか？」と、その度胸を僕に問うた言葉だったというのはいまとなって分かること。当時はただ、無計画に夢を見ていた。ただ「有名になれる」と「思い込んで」いた。そしてあの頃僕は、無知だった。もしあの時「10年か、長いな」などと思ってしまっていたら、足がすくんで踏み止まっていただろう。知らないとは、時に武器だ。思えばあの頃から僕には「無知力」というもう一つの力があった。

『ダ・ヴィンチ』で連載をしてみませんか？との依頼をいただいた時、僕はここだけの話、悩んだ「フリ」をした。もちろん、なぜ僕に？とは思ったし、日々の仕事と生活のなかに文章を書く時間があるのかとも考えた。だけど考えたところで結局解決に至ることはないのだ。なぜなら『ダ・ヴィンチ』で連載をすることがどれほど大変かは、やってみないと分からないからだ。

とはいえ、僕はものづくりが好きなので、文章を使って一つの作品を作るというその響きに少しワクワクしている。ただそれ以外の可能性に関しては、何度も言うが、全てやってみないと分からない。またしても無知が勝ったのだ。おめでとう、無知。

そしていま、ここまで書いてみて分かったのだが、文章を書くのは楽しい。整理整頓と似ていて、普段考えあぐねてしまう思考を文字に起こすことでスッキリとする。僕はこの連載を通して、沢山の「知らない」を「知る煌めき」に変えていけたらと思う。

いま、思い込んだ結果生まれた〝作家としての自分〟に命が宿るのをひっそりと夢見て、この原稿を書いている。無知であるがゆえに深夜のエモい時間に支離滅裂で妙に詩的な文章を書いて送ってしまうこともあるかもしれない。けれど、思い込んだ自分勝手な世界はいつだってキラキラとしているし、「知らない」の先は、「知る煌めき」で溢れている。「書く」という未知の創作によって、僕は何を知り、何を想うのだろう。

フキサチーフとは画材の一つで、完成した作品が色褪せたり擦れて剥げてしまわぬように画家が最後に絵に吹きつける定着液のこと。日々の景色や出会いを、絵の具や音符に頼らず、書くことで描写し「。」をつけて整理するこの連載が、僕自身の日常のフキサチーフになればいいなと思い、つけたタイトル。僕の言葉が波紋を描くように、まだ知らない街に住むあなたにまでそっと届きますように。どうぞ、お付き合いくださいませ。

大阪

２０２１年2月のいま、大阪にいる。

僕自身初となるライブツアー「KOUHEI MATSUSHITA LIVE TOUR 2021 HEART to HEART」。東京での公演を無事に終えて、この地へやって来た。

今回のツアーでは計３日間の大阪公演が開催される。そのためスタッフが会場に近いホテルを用意してくれた。そこは２０１９年の夏から約７ヵ月間、ＮＨＫ連続テレビ小説『スカーレット』の撮影中に僕が暮らしていたホテルだった。

ツアー会場のCOOL JAPAN PARK OSAKA WWホール、ＮＨＫ大阪放送局、ホテル。この３ヵ所がとても近い場所でトライアングルを描いているので、ここに泊まると聞いた時、さほど驚きはしなかった。無事に公演初日を終え翌朝、昨夜のライブ音源を聴きながら反省点を探したいところだったが、このホテルの部屋にいると、ずっとある男のことを思ってしまう。

「八郎」という男は、確かにここにいた。当時泊まっていたのとは部屋や階数こそ違えど、ここは見慣れた間取りと嗅ぎ慣れたシーツやカーペットの匂いでいっぱいだった。

当時ホテルの従業員さんたちはみんな、僕のことを「十代田（そよだ）様」と呼んでいた。

チェックインの際は本名の松下洸平ではなく、フロントで「十代田です」と言いキーを受け取る。時々東京から荷物が届くと「十代田様、お荷物が届いております」と部屋の電話を鳴らしてくれる。

僕が『スカーレット』に登場したのは放送8週目。大阪から小さな鞄と身一つで信楽の窯元に就職した23歳の八郎はその地で結婚し婿養子となり、十代田から川原へと姓を変えた。そんな頃、このホテルの従業員さんに迷惑をかけたことがあった。

ルームキーを自室に挿したまま外出してしまったのだ。そのことに気づき慌ててフロントで事情を説明すると、すぐに対応してくれた。部屋の前で待っていると従業員さんが「お待たせ致しました十代田さ……あ、いまはもう川原様、でしたね」とジョークで僕を笑顔にしてくれ、ドアを開けてくれた。

着替え、シャンプーやリンス、枕など、ここでの生活に必要なものは全て大きな段ボールに入れてフロントに預けていたし、撮影現場で僕のことを本名で呼ぶ人はおらず、みんな「ハチさん」「ハチ」と呼んでいた。やがて僕の実年齢を超え、ものすごいスピードで大人になっていく彼の背中を追いかける日々となった。あの頃、僕は紛れもなく十代田八郎であり、川原八郎だった。

そして2020年2月末、『スカーレット』は撮了し、僕は東京に戻った。

朝ドラ出演は叶えたい夢だったし、その経験は僕を大きく成長させてくれた。しかし「人生」という名の旅は、時計の針が進む限り終わることはない。ゴールテープを切った先もまだ道は続いている。終わりは、始まりなのだ。僕は八郎に別れを告げ、彼を心の宝箱にそっとしまった。

なぜなら過去に縋《すが》っていては前に進めないし、寂しさや悲しみに暮れるよりも、僕はこの先の自分に興味があった。

あれから約1年後の2021年2月。懐かしい部屋でこれを書いている。

窓から見える景色も微かに聞こえる街の喧騒も全てあの日のまま、変わらない。この部屋にいると、そんなはずもないが土臭い気までしてくる。

ＮＨＫ大阪放送局は僕にとって故郷のような場所だ。たくさん笑い、泣き、育ててもらった。しかし部屋に入ってからずっと、妙なやるせなさを感じてしまう。

なぜなら「成功」の２文字を手土産にこの地に戻る予定が、思いの外早すぎる帰郷となったために、かっこつけて心の宝箱にしまったはずの八郎を否が応でも思い出さずにはいられなかったからだ。宝箱の中の八郎だってビックリしたはずだ。「え？なんや、早すぎるやろ。もっとビッグになってから帰ってこんかい！」と言われているような気がしてならず、部屋にはなんともばつの悪い空気が漂っていた。懐かしい卓上鏡に映る自分。なんだか八郎と目が合ったような気がした。

〝壊して前に進む〟。妻であり同じ陶芸家だった喜美子がスランプに陥った八郎に放った言葉は、ものづくりをする全ての人に響く、力強くて素敵な言葉だと思う。何か新しいものを生み出したいと思った時、躊躇なくいまを壊す勇気がある者だけに与えられるのが次のステージとチャンス。

いまを大切にしながら、僕は前に進もう。そしていつの日か大阪に来る時、またこのホテルに泊まろう。

ほんで八郎に、「おお、ビッグになったなあ」そう言わせたる。
それまでここには帰らない、そう誓った。

居場所

初めて「自分だけの部屋」ができたのは、僕が小学5年生の頃だった。

それまで団地住まいだった我が家が、同じ街の少し広いマンションに引っ越すことになったので、僕の部屋を作ってくれたのだ。ベッドと学習机を置いたら、子どもの僕でもほぼ歩くスペースはない小さな部屋だったけれど、自分の居場所を持てることはとてつもなく嬉しかった。

部屋には自分の好きなミュージシャンのポスターを貼ったり、人形や映画のフィギュアを集めて飾ったりしていた。中学生になってからは兄の影響でブラックミュージックにハマり、CDプレーヤーを買ってその部屋で毎日のようにレンタルショップで借りたHIP HOPやR&Bのコンピレーションアルバムを聴きまくっていた。

好きなものに囲まれて、好きな音楽が流れるその部屋が、僕の居場所だった。

その後、聴くだけでは飽き足らず自分も作ったり歌ったりする側に興味を持ち始め、音楽の専門学校に通うことになった。

同じ夢を持つ仲間たちと夢を語り合ったり競い合った時間は、いま思い返しても最高だ。朝から晩まで音楽漬けの生活だった。休み時間や授業終わり、友達と自習室や学校近くの公園でひたすら歌い、語り合っていた。

そうしていつしか僕の居場所は、仲間たちと過ごすその自習室や公園へと変わっていった。

当時はとにかくお金がなくて、月末はサバイバル的な暮らしになることも多々あったが、幸せだった。仲間がいれば、大丈夫だった。いつも笑っていた。

専門学校を卒業して1年後。当時お世話になっていた音楽ディレクターさんの「君は絵も描けるから歌と一緒にやったら面白い！」という一言がきっかけで、絵を描きながら歌う「ペインティング・シンガーソングライター」としてメジャーデビューすることになった。

絵を描きながら、とは言いつつも、「描く」というのは本当に大変なので、実際には描くというより、真っ白いキャンバスにあらかじめ自分で用意したイラスト入りのパネルとかカッティングシートを曲のイントロや間奏中に「貼っていく」というパフォーマンスが主だった。なので正確には、「パネルやカッティングシートを貼りティング・シンガーソングライター」だった。

このキャンバスも、カッティングシートもパネルも、ライブをするたびに自分で作って会場まで持っていかなければいけなかったので、これが本当に大変だった。デビューまでの準備期間も含めて約3年間この活動に励んでいたのだが、いつしか自分というものを見失っていた。

本当にやりたいことってなんだっけ。思い描いていた未来ってこうだっけ。そう自問自答した。

そんな頃、俳優の道に誘ってくださった恩師のお陰で、僕は新たな景色を知った。逃げるように足を踏み入れたのがミュージカルの世界だった。初舞台がとにかく楽しくて、もうキャッキャ言いながら過ごしていた。

下手なのは当たり前だったからみんな優しく教えてくれたし、演出家さんの「お芝居する時は目を見て」とか「真っ直ぐ立ってみて」という指示のおかげで基本的なことを知ることができた。実践してみると上手くなったような気がして、一日はあっという間に過ぎていった。

この仕事を続けたくなった。そこは、新しい居場所だった。「ここ」にいたいと思った。

けれど現実は甘くない。すぐに仕事が貰えるはずもなく、それからは怒涛のオーディション祭りだった。ドラマ、舞台、映画、たくさんのオーディションを受けてきたけれど、一番多く参加したのはCMのオーディション。多い時は毎週末、何かしらのCMのオーディションに行っては落ちてきた。

「このオーディションではサラリーマン役の方を探しています」という作品があれば、実際にスーツを着て審査してもらう。なので参加する俳優は全員スーツとシャツとネクタイ、靴と鞄を持参してお芝居をする。僕もサラリーマンに扮した格好で電車に乗ってオーディションを受けにいく。審査が終わったらその格好でまた電車に乗って帰る。車中、ドアの前に立って吊り革を持っている自分の姿がガラス窓に映っていた。サラリーマン風の自分は、なんだか自分じゃないみたいだった。心がざわつくのを抑えるように、ピントをその先の景色に持っていくようにして帰った。

当時は、役者業と並行してバイトをしないと暮らしていけなかったのでコンビニでも働いていたのだが、ミュージカルに1、2本出ただけの俳優の顔を知っている人なんていないと思っていた。けれど、たった1度だけ声をかけられたことがあった。

商品の陳列をしていた僕に「松下洸平さんですよね？　私、舞台観たんです。素敵でした」と声をかけてくれた女性。けれど僕は驚きと、恥ずかしさと、悔しさと、なんか、ごめんなさいみたいな感情といろいろな気持ちがうわーっと溢れて「違います、人違いです」と答えてしまった。そんな僕に「あ、いや、でも。あ、そうですか。すみません」と言いつつ、その方は何度も僕の胸元を確認しながら、申し訳なさそうに去っていった。

僕はたまらなくなって、バックヤードに逃げ込んだ。女性が見ていた僕の胸元には「松下」と書かれたネームプレートがついていた。自分の居場所はここじゃない。そう思い、それ以降バイトをすること自体をやめたのだ。

その結果、音楽の専門学校時代に一度経験した貧乏期に再び突入するのだが、貧しさや悔しさをバネにして、高く飛べる日が来る方に賭けていた。

ここだ！と言える居場所が欲しかった。それは、お金や名誉や地位が欲しかったからではない。安心するためだった。

自分の好きなものがたくさんある部屋。仲間と笑い合える時間。ずっといたい、そう思える場所。

そう思えるにはいつも何か足りなかったし、何かが邪魔をしていた。

他人を妬んだり、自分の不運を時代のせいとかなんとか言いながら、なんとか生き延びてきての、いま。

街で声をかけられても胸を張って「はい！　そうです！」と言えるようになったし、サバイバル生活をすることもない。

諦めかけた音楽活動も再開し、レコードショップには僕のＣＤが並んでいたり、全国ツアーも大きな会場で開催することができた。

でも、まだ探している。「ここじゃない」そう思う。もっとワクワクしたいし、もっと面白いものを作りたいから。

わがままだな。

欲張りだな。
でも、だからこそ、やめずにいられるのかもしれない。

俳優証

僕は2021年4月のいま、『カメレオンズ・リップ』という舞台の本番中だ。気づけば初舞台を踏んでから10年以上経つが、主演を務めさせていただくのはこの作品が初めてとなる。

劇作家ケラリーノ・サンドロヴィッチさんの過去作品を別の演出家がキャストを一新させて再演していく「KERA CROSS」という企画で、演出家の河原雅彦さんが初演とは違う雰囲気と印象を持った8人の役者を集結させた。

稽古が始まる数週間前に台本を頂いたが、これは僕の中での決まりごととして、稽古が始まるまではあまり読み込まないようにしている。

なぜなら「舞台はみんなで作っていくもの」だと思っているからだ。

僕以外の役の人が台本をどう読むか、どんな声でどんな顔をしてお芝居するか、顔を合わせるまで分からない。それによって僕の出すカードは常に変わっていくし、稽古を重ねるごとに作品は日々進化していく。

その進化に柔軟に対応できるように、あえて最初は準備をしすぎないのだ。言わば、裸一貫だ。

そんな裸一貫の稽古初日から1ヵ月後、僕は驚いていた。なぜなら僕らの『カメレオンズ・リップ』は、未だかつて見たことのない歪な形をした造形物として出来上がったからだ。そして僕はこの歪さこそが魅力だと思っている。

演劇の神様が、みんな違う個性を持ち、年齢やこれまでの舞台経験も多種多様である出演者たちに向かって「全員で大きな丸太を削ってカメレオンの形を作りたまえ」というお題を与えたと仮定してみよう。

それぞれが見たこともないような削り刀を持って現場に現れた稽古初日。我が家の坪倉由幸さんの横にはシルビア・グラブさんがいたり、岡本健一さんの横にはファーストサマーウイカちゃんがいたりする。なかでも野口かおるさんはもはや彫刻刀ではなくウルヴァリンの爪みたいなものをはめていた。

野口さんは稽古初日からそれをブンブン振り回して、その場にいた全員に感動と爆笑と、なんか勇気みたいなものまでくれた。

公演を重ねるたびに、キャストの絆は深まっていく。

僕は第二幕が始まる5分前、各々が上手の袖に集まって誰からともなく話し出し、小さな声で笑い合うあの時間が好きだ。

この間なんて、暗がりの上手袖でなぜかみんなが肩を組んでいた。かけ声のない円陣。ただみんなで肩を組んでみたくなっただけだった。

演劇はリレー競技と似ていて、プロローグの出来がよければ、次の一幕一場の空気もすごくよくなる。

そうやってキャスト同士でバトンを繋いで、エンディングへと加速していく。いいバトンを渡す確率を上げるために必要なのは、演技力よりも思いやりや優しさなんじゃないかと感じる時がある。あとに芝居する人のことを想うのだ。


同じようで違う分野の先端を行く人たちと一つのものを作り上げるのは簡単ではないが、思いもよらない化学反応が起きた時、笑いや感動は想像の上を行く。普段のフィールドは違えど、舞台に立てばみんな、俳優だ。

医師、教員など資格を得て働く職種とは違い、俳優には俳優になるための試験もなければ免許証も必要ない。

「俳優証」なるものを持った人しか舞台やドラマに出てはいけない、なんてルールはもちろんない。

「私は今日から俳優です」と言えば、俳優だ。

それに対して「いいえ、あなたは俳優ではないです」と言える者がいるだろうか。

どんな職種にも言えることだろうけど、強い覚悟と決心さえあれば他に必要なものはない。

個性や持ち道具は違えど、優しくて思いやりのある人たちと作り上げた『カメレオンズ・リップ』は、大千秋楽へ向かう途中、多くのお客様の視線と拍手によってまた色を変えていくのだろう。さながら、カメレオンのように。

綿毛

「あ、綿毛だ。飛ばそう」

「いいよ、飛ばそう」

小さな口で勢いよくフーッと吹いた息が、春の日差しを目いっぱい浴びたたんぽぽの綿毛を暖かい空気の中に飛ばした。

風に乗って宙を舞う綿毛たちは低空飛行で公園の花壇へと姿を消していった。はぐれた綿毛の一つが、地面とバネで繋がれた犬——あれはなんという乗り物だろうか、犬の背にまたがってバランスを取りながら己の体重を前へ後ろへと移動させると、地面と犬を繋いだ1本のバネが湾曲してグワングワンと揺れる。体幹をしっかりとキープしたまま乗れば、まるで猛獣使いにでもなった気になれる、大人の僕でも実は見かけると乗りたくなる「あの犬」——の、鼻に降り立ってしまった。

「こんなところに咲いちゃうね」

ケタケタと笑い合うきっと5歳か、6歳の彼らを見ながら、僕はマスクの下で微笑んでいた。

2021年5月初旬の昼下がり、僕は公園のベンチに座り、新しい曲の歌詞の続きを考えていた。目線のすぐ先で、こんな風に近所の子どもたちが戯れている。今日の最高気温は25度だそう。日差しが痛いくらいの晴天のなか、過ぎゆく時間をのんびり感じるのはとても久しぶりだった。舞台『カメレオンズ・リップ』の東京・福島公演が終わり、少しの間音楽と向き合う時間を作ることにしたのだ。

それはとても嬉しいし、安心する時間だ。

というのも芝居中心の生活をしていると、頭の片隅で音楽をやっているもう一人の自分が「忘れてないかい、僕のこと」と訴え始めるのだ。「いまはそれどころじゃない」と半ば強引に封じ込めるのだが、1週間もするとまた現れる。「おーい。曲は?」

この問いかけは放っておくと4日に1度、2日に1度と徐々にその間隔が短くなり、ひどくなると夜眠る時、目を閉じた途端に現れ、「え、何寝ようとしてんの?」と数週間前より明らかに口が悪くなっている。僕自身が作り上げた自分に、時間の経過と共に口調が変化していくリアリティがいるか?と、時々ベッドの中でクスッと笑ってしまう。

こうやって語りかけてくるのは1人ではない。
〈『ダ・ヴィンチ』の連載原稿の執筆を急かす松下〉〈次の芝居の台詞を覚えたい松下〉〈風呂掃除をしたい松下〉といった様々な松下を、松下は「まぁそう急かすなよ」と言い聞かせて黙らせてきた。

仕事ができる人とは時間の使い方が上手い人だ、という話を聞いたことがある。To Doリストを作り、何時までにこれをやり、何時にはここへ行って、何時には終わらせる、と予定を立てるのだ。平等に与えられた24時間を効率よく自由に使える人には、僕のように頭の中にもう一人の自分など存在しないのかもしれない。

この日、僕はその説にならいTo Doリストを書いていた。

その一つに「耳鼻科に行く」があった。〈鼻炎気味で耳鼻科に行きたい松下〉が四六時中騒がしかったので、公園で一通り歌詞を携帯のメモに残したあと、病院へ向かった。着いて愕然とする。〈ゴールデンウィークは休診致します〉の張り紙。

病院前で立ち尽くす僕は〈鼻炎気味で耳鼻科に行きたい松下〉に申し訳ない気持ちになった。脳内の彼に「すまん」と謝ると、「ゴールデンウィーク明けたら絶対耳鼻科行けよ？」と明らかに口が悪くなっていた。

　僕はリストに書いた残りの「歯磨き粉を買う」「スーパーに行く」を済ませてトボトボと家路に向かって歩いていた。To Doリストを書いておきながら、結局僕の脳内には〝もう一人の自分〟がいつも通り顔を出していて、なんなら叱られてしまった。帰り道、あの綿毛のことを思い出した。風の流れに身を任せ、辿り着いた場所でしか咲くことのできないたんぽぽとは違い、僕は食べたいものを食べ、会いたい人に会いに行き、自分の意思で咲く場所を選ぶことができる。その自由をもっと大切にしながら生きるべきだと反省した。

　犬の鼻に着いてしまった綿毛は、はぐれた仲間たちの待つ花壇へ連れて行ってくれる次の大きな風を、ただじっと、鼻の上で待っているのだろう。いま頃は仲間が恋しいに違いない。咲く場所を選べずとも咲くことを諦めない彼らの春は、まだ始まったばかりだ。

　あの綿毛よ、幸あれ。

ハイエース

画家であり、学校で美術の講師をしていた母の仕事柄、実家はいつも油絵の匂いとキャンバスの匂いでいっぱいだった。

小学生の頃、友達の家の車といえばカローラとか、パジェロとか、ステップワゴンだったが、我が家はハイエースだった。

母が生徒さんの作品や自分の大きな作品を搬出・搬入するためだ。だから自分が「車に乗る」という行為はハイエースでしか経験がなかった。しかし、小学校5年生の時、当時通っていた空手道場からの帰り、一緒に通っていた同級生の大野君のお母さんが「一緒に送っていってあげる」と言ってくれて、僕は初めてベンツに乗ったのだ。ピッカピカの黒いボディーは夜でも輝いていた。

後部座席に乗りエンジンがかかると、ベンツは静かに加速して進み出した。僕は怖くてしょうがなかった。

何しろ目線が低すぎるのだ。ハイエースの目線に慣れていたせいで、もちろんそんなはずはないのだが、大野君のお母さんが足で蹴って進んでる?と思ったぐらいだ。これを文章でどう伝えればいいか。運転席の下に大きな穴が空いていて、大野君のお母さんが足で直接道路をエィやコラさと蹴りながら進んでいるんじゃないかと思った。

そのくらい感覚として自分の足と道路が近すぎる。

その様を今回のイラストにして説明したいくらいだが、貴重なイラスト掲載スペースを説明図にしてしまうのは勿体ないのでやめておく。

僕は後部座席から運転席をじっと見ていた。見たこともないボタンがたくさんついているベンツ。いかにも高級そうな革のフカフカシートのベンツ。ボタン一つで窓がウィーンと開くベンツ。未来の車みたいなベンツ。そして、いつもより随分と早く帰ってきた僕に「早かったね」と言う母。

「大野君のお母さんがベンツで送ってくれた」とは言わず、おざなりに「うん」とだけ伝え、ベンツに乗った記憶を、そっと消した。

別にハイエースが嫌だったわけじゃない。でも、子どもながらに「今日ね、大野くんのお母さんがベンツに乗せてくれたよ！　ピッカピカで、早くて、かっこよかった！」と言うと、母が悲しむんじゃないかと思ったのだ。

「ごめんね、ウチはハイエースで」と言わせてしまうんじゃないか、そう思って言えなかった。

それから時は経ち、高校2年生の夏、なんと母が車を買い替えると言い出した。

当時の実家があった地域でのディーゼル車走行が禁止となったことを受け、手放すことになったらしい。母の手には新車のパンフレット。まさかと思いながらも、僕の頭の中で消したはずのベンツがエンジンをふかし始めた。

しかし、それはハイエースのパンフレットだった。新しいハイエース。パンフレットを広げ、母はこう言った。「次のハイエースは、ボタンを押すだけで窓が、開きます」。完全に「おめでとうございます」の言い方で、「開きます」と言った母。

いや、でも確かにおめでたいことだった。

いままでレバーをグルグル回して手動で開けていた窓が、ボタン一つで開くのだから。

それから約15年間、母は毎日小さな体で大きな車を乗り回した。

住宅街にある実家の周りの、小さな軽自動車でさえ進むのをためらいそうな細い道だってガンガンに入っていく。

一心同体とは、まさにあのことだろう。しかし2年前の2019年、ついに2代目ハイエースともお別れの時がやってきたのだ。15年間乗り続けて、ガタがきていた。

運転中に故障して事故にでもあったら大変だし、修理するたびに出費がかさむこともあり、手放す覚悟をした。

お別れの数週間前、母は明らかに落ち込んでいた。長年連れ添った相棒を本当は手放したくないのだろう。

とはいえ背に腹は代えられず、車買取業者の方が査定した結果、ボロボロのハイエースがなんと30万円で売れたのだ。聞けばハイエースは中東やアフリカなどで爆発的人気を誇っているそうだ。

母の相棒はいまでも地球のどこかで、砂埃を巻き上げて颯爽と走り続けているに違いない。

そして母はいまでも時々、「会いたい」と漏らすのだ。

最近知ったのだが、母は手放したハイエースの日除けの裏に「IS THIS CAR HAPPY NOW?」と書き、その横に自分のメールアドレスを添えたという。連絡は、まだないそうだ。

ここまで誰かに愛された車が幸せじゃないはずがないさ。

さくらんぼ

2021年5月、水田伸生監督の映画『アイ・アム まきもと』の撮影で山形に1週間ほど滞在した。この映画は山形県庄内地方でロケをしたのだが、そのロケ場所やメイクルーム、スタンバイ場所から宿泊先に至るまで、地元の方々がたくさん協力してくださり、皆さんのお力なくしては完成しない作品だと思った。無事に僕の役がクランクアップし、寂しい思いを連れて東京に戻ろうとしていた時、映画スタッフさん経由で〝さくらんぼ券〟というものを頂いた。これは、地域の農園の方からで、「佐藤錦というブランドのさくらんぼをご自宅に送りますよ！」というものだった。

こんな嬉しいことがあるでしょうか？　なんせ僕はさくらんぼが好きだ。好きなフルーツランキングを教えてくださいと聞かれたら、かなりの上位にくることは間違いない。

この佐藤錦が与えてくれるであろう幸福感を最大限味わうために、僕はまずスケジュール帳を確認した。仕事が早く終わる日の夜まで食べるのを我慢しておくことにしたのだ。

そして時は来た。

前日に冷蔵庫で冷やしておいた佐藤錦は、まるでルビーのように輝いている。しっかりと流水で洗ったあと、1粒口に入れると口中に甘みが広がり、そのすぐ後にやって来るのは爽やかな酸味。

やはりさくらんぼはおいしい。

初めて食べた人は、さぞ驚いただろうな。もし僕がその人だったらしばらくの間、見つけたことは秘密にしておくだろう。

甘く、上品で繊細なのに、親しみやすさと懐かしさも感じるさくらんぼ。

もう1粒、もう1粒と口に運ぶたび、僕はあることを思う。

しかしそれは、暗黙の了解として口をつぐんできたことでもある。だがこの日、僕は心の中にとどめていた、あの存在について深く考えることにした。

今日はおそらく誰も足を踏み入れてこなかった、禁断の領域についてお話ししたい。

さくらんぼの〝種〟についてだ。この種こそが、全ての幸せが詰まったさくらんぼにとって最大の敵であると僕は考えていた。

この種、飲み込めるほどの大きさではないし、かといって噛んでしまえるほどやわな相手でもない。しかしもし、さくらんぼに種がなかったら。

あのルビーを5粒も6粒も頬張っていっぺんにモグモグできたら。これこそ、禁断の想像だ。

そうして僕はついにパンドラの箱を開ける決意をした。

「種を取ってみよう」と。

貴重な佐藤錦に包丁で縦に切り込みを入れる。そして果肉を傷つけぬよう小さなフルーツナイフでゆっくりと種だけを取り出してみた。

同様の処理を計15粒ほどに施した。そして僕は手のひらに、まずは5粒の種なしさくらんぼを乗せ、それを勢いよく口に放り込んだ。

食した瞬間やって来る経験したことのない量の甘さと酸味は、噛んでも噛んでもなくならない。この5粒が消えるまで30秒ほどかかった。

しっかりと飲み込んだあと、僕は台所で立ち尽くしてしまった。

おかしい。さくらんぼの魅力を語る上で最も重要な繊細さが、まるで感じられない。

5粒はいくらなんでも大人げなかったと悔い改め、次は4粒頬張ってみた。同様に甘さと酸味は感じられるものの、奥ゆかしさや恥じらいがない。まさかと思い2粒で試してみても結果は同じだった。さらに驚くべきことに、このもどかしさは1粒でも一緒だった。

さくらんぼをおいしく食べるのに最適な量になるよう、種の存在がコントロールしてくれていたことを知った。煩わしさやもどかしさが、もう1粒、もう1粒と手を伸ばしたくなる魅力を生んでいたのだ。

そう考えると、この「煩わしさの魅力」を持った食べ物はさくらんぼだけではない。

たとえば枝豆の豆を莢《さや》から全て出して、スプーンに山盛り乗せて食べたらおいしいだろうか？　まあ、これはおいしいかもしれない。

アサリの身も同じように殻から外してスプーンいっぱいに頬張ってもおいしく、いやこれも絶対においしいが、とにかくさくらんぼに関しては種の存在があるからこそより愛おしく、いい意味での「物足りなさ」が演出されるのだ。

最後に、さくらんぼについて調べてみると、散々連呼した種は実は種ではなく内《ない》果皮《かひ》と呼ばれるもので、本当の種はその内果皮の中にあって「仁」と呼ばれるそうだ。内果皮はこの仁を守るために木質化したらしい。なんとも奥深い果実だ。

パンドラの箱だと思って開けたその中に、もう一つ開かずの箱があった。第2章「仁との遭遇」も、いずれ書こうと思う。

笑顔バトン

僕はいま、様々なジャンルの仕事をさせてもらっている。芝居だけでなく音楽活動も本格的に再開し、せわしない日々だ。

多くの挑戦をさせてもらっているなかの一つに、『ぐるぐるナインティナイン』内のコーナー「グルメチキンレース ゴチになります！」（以下、「ゴチ」）へのレギュラー出演がある。

初参戦の際はあまりの緊張に何を食べたのか全く覚えていないが、回を重ねるごとに少しずつ肩の力が抜けていき、番組に参加して半年以上経ついまでは、テレビであることを忘れて大笑いしている自分がいる。

子どもの頃から見ていた「ゴチ」に自分が出ていることも、学生時代からいままでたくさんの笑いと夢をくれたナインティナインのお2人と仕事をさせていただいていることも、僕にとっては奇跡のような出来事だ。

ところで、僕には番組収録中にお気に入りの時間がある。それは、オンエア時にテロップなどと一緒に使うため、レギュラーメンバーとゲストの方のお顔を撮影する時間だ。

これは写真ではなく、映像で記録する。

スタッフさんが「皆さんお顔の寄り、頂きまーす。笑顔でお願いしまーす」と声をかける。するとNEWSの増田貴久くんから始まって、そのあと一人一人カメラ目線でニコッと笑ってそのまま10秒ほど静止しておく。その映像はカメラ前にあるモニターに映し出されている。

僕は、この時の皆さんの顔が大好きだ。

先輩方に大変失礼な言い方かもしれないが、とにかく可愛い。というか、なんだろう、なぜだか胸が熱くなる。

皆さんの笑顔を画面越しに見ている僕が、毎回一番笑っている。

どうやら僕は人の笑顔を見ると、ものすごくテンションが上がる性質らしい。

最初にそのことを自覚した日のことを、よく覚えている。それは僕が運送会社の集荷センターで仕分けのバイトをしていた、19歳の時だった。

トラックで運ばれてくるたくさんの荷物を荷台から降ろし、ただひたすらにベルトコンベアに乗せていく仕事なのだが、これが本当にキツい。

同じ作業を延々と繰り返すし、僕は日雇いバイトだったので、そこに大変さを分かち合う友達は一人もいない。僕以外の社員の方に迷惑をかけないよう迂闊に声をかけるわけにもいかないし、そもそもそれどころではなかった。気がつけば数時間、誰ともしゃべらず運ばれてくる荷物を無表情でベルトコンベアに乗せていた。

積まれた荷物を全て運び終えたと思ったら、間髪入れず次のトラックがやって来る。僕は夜勤シフトだったので、深夜からずっとこの作業をしていた。

バイト終了まで残り1時間。

「世界で一番長い1時間が始まった」と思った。空が白み始めていた。

最後のトラックがセンターに到着し、していた軍手をいま一度しっかりと手にはめ直した。するとその時、トラックのドライバーさんが僕のところに近づいてきた。

「兄ちゃん！」

その声に振りかえると、「腰辛いでしょ？　これ貼りな！」と、笑顔で僕に湿布を1枚くれたのだ。

僕は、突然のことに驚きながらも、「ありがとうございます！」と返した。

数時間ぶりの誰かの笑顔と自分の笑顔。

その後の1時間は、あっという間だった。あの日、笑顔には人の心を救う力があることを知った。あれ以来、僕はいまでも自宅に荷物を届けてくれる方には、笑顔でお礼を言うようにしている。


あの日湿布をくれたドライバーさんの優しさが僕を伝い、受け取った想いがバトンのように誰かに渡る。

この世界を循環する全ての優しさは、風任せに回っているのではなく、いつも人と人とが繋がり、リレーのように渡されることで回っているのかもしれない。

ゴチメンバーの皆さんの笑顔に、僕はいつも救われている。だから僕も笑っていたい。そして笑顔をテレビで見てくださっている方たちに、繋いでいけたら嬉しい。

ただ、これを書いている2021年8月現在、僕はぶっちぎりでゴチレース最下位だ。

笑っている場合ではなかった。

走るということ

2021年9月、次回作への役作りに没頭中だ。

10月からスタートするTBSの金曜ドラマ『最愛』に向けて、ランニングを始めた。

今回僕はドラマの中で、宮崎大輝という刑事の役を演じる。大輝には学生時代、陸上部のエースとして活躍していたというストーリーには欠かせない過去があり、そのため第1話では大学生の大輝がこれでもかというほど走りまくるのだ。この役を演じるにあたって、実際に現役大学陸上部の皆さんが普段どのような生活をして、どんな練習に励んでいるのかを知るために、青山学院大学（以下、青学）陸上競技部員の皆さんの学生寮と練習を見学させていただいたことがあった。

過酷なトレーニングメニューを日々こなし続ける選手たちの体力と精神力には、とにかく驚いた。

そこで「実際に箱根駅伝で走るスピードを体験してみますか？」と聞かれ、不用意に「いいんですか？　ぜひ！」と答えた自分を、タイムマシーンがあったらあの日のグラウンドまで戻ってグーパンチしたい。

1周400メートルのトラックを何周も走っている選手たちの最後尾にサッと入り、ついていこうと試みた。

しかしとてもじゃないが、ついていけるスピードではなかった。

わずか200メートル、トラックを半周したあたりで絶対に追いつけない距離まで離された僕は情けなく地面に寝転んだ。

全速力で追いつかないのだから、どうしようもない。後ろからクマが追いかけてきていたとしても僕はあのスピードしか出ないだろう。

あれからというもの、仕事の合間や終わった後に暇を見つけては走ることにした。もちろん自分のペースで。無理はせず、走ることを習慣づけるためのトレーニングだ。

夜の公園をただひたすら走る。競う相手はいない。疲れたら歩き、また走る。目標タイムや走る距離のノルマは決めず、その日のコンディションと相談しながらだ。続けることが何より大事だし、この積み重ねが役作りをする上でとても大切だと思っている。

ところで僕は、青学の陸上部員のみんなに大事なことを聞き忘れていた。それは「走っている時何を考えているか」。

これについて現役の選手に聞くのは、役作りをする上で、走る練習をするのと同じぐらい大切なことかもしれない。

しかしハードな練習を終えたばかりの学生さんにインタビューするのは申し訳ないと思ったし、何よりも僕の足が棒になっていたため、いろいろとそれどころではなかった。

けれどやはり、孤独な練習を一人で続けていると、「僕はなんのために走っているんだろう」という問いへの答えが欲しくなってくる。

簡単に言えば「陸上部員の役をやるから」。もちろんそれはれっきとした理由かもしれないが、青学のみんなや、僕が演じる宮崎大輝はそんなことを考えて走っているわけではない。走ることが辛くなった時、やめたくなった時、彼らはきっとそれぞれの原点に立ちかえるはずだ。

毎日過酷な練習をこなしていける原動力は一体なんだろう。知りたいが連絡先を交換したわけでもないし、気軽に会って話したりできる時間もない。

そこで僕は、勝手に少し想像してみた。これこそ俳優の身勝手な想像力が役に立つ瞬間だ。


「もしも、この公園の一番端に僕の襷を待っている仲間がいたら」

「もしも、今日こそ目標タイムをクリアすると愛する人に誓っていたら」


そんなことを想像した。するとどうだろう。途端に孤独じゃなくなった。なんなんだ、この単純な脳は。

走る時は一人だ。でも孤独ではない。たくさんの人たちがどこかで応援している。自分のために、誰かのために走る。それが長距離リレーという競技なのかもしれない。

きっと選手のみんなも誰かの顔を思い出しながら走っているんだろうな。誰だろう。仲間、家族、恋人。

いつかまた彼らに会ったら、そのことを最初に聞こうと思う。そういえば、寮生の部屋を覗かせてもらったが、みんな大学生らしく好きな日本や韓国のアイドルのポスターを貼っていたっけ。

案外、推しの顔を思い浮かべながら走ってるのかもしれない。

誰かのために走ろう。僕の頭の中には、共演者のみんなの顔が浮かぶ。

寂しくない。さあ、今夜も走るか。

ヒーロー

僕が初めて連続ドラマにレギュラーで出演したのは２０１２年の４月。

ＴＢＳの金曜ドラマ『もう一度君に、プロポーズ』という作品だった。

あの頃僕はテレビドラマの経験がほとんどなく、ただがむしゃらに与えられた僅かな台詞を吐くことだけで精いっぱいだった。

言うまでもなく、監督からは毎日のように怒られていた。何が正解で何が間違いなのか分からず固まっていた僕にいつも笑顔を下さったのが、光石研さんだった。

ある日の収録終わり、キャストやスタッフさん数名で飲みに行った夜のこと。光石さんは僕にこんな言葉をかけてくれた。

「君は自由に芝居していいんだ。怖がらずに思いっきりやって失敗しても大丈夫なように僕たちがいるんだから」

決して叱らず、知識をひけらかすこともなく、真っ直ぐに、優しく、でも力強く確実に25歳の若造の背中を押してくれた。

思い返せば当時の僕は、そんな光石さんのお人柄に甘えまくっていた。

現場ではよく音楽の話をさせてもらっていた。さらには僕が趣味でやっていたＤ

Jの話になった時、「僕もSOULやHIP HOPが好きなんだよ」とおっしゃっていたので、僕が選曲したブラックミュージックのMIX CDを作って、頼まれてもいないのにプレゼントしたこともあった。

MIX CDによく入っているのだが、曲と曲の合間に自分のDJネームを入れる「シャウト」と呼ばれる演出の声をどうしても光石さんの声にしたくて、「録音するんで僕の携帯のマイクに向かって『DJコーヘー』って言ってもらえませんか」とお願いしたこともあった。

当時の僕は激イタだった。それでも光石さんはスタジオの前室で「DJコーヘー！」と本気で叫んでくれたのだった。

ドラマの撮影が終わり、僕は演劇の道を進み続けた。その途中、何度かドラマの仕事もしたが、そのたび台本に光石さんの名前を探した。しかし共演する機会はなく、そのまま約10年が経った。

インタビューで「芝居を続ける理由はなんですか？」と聞かれた時、「もう一度会いたい人がいるからです」と、光石さんの名前を挙げさせてもらったこともあった。

そして2021年10月現在放送中のドラマ『最愛』で、ついに再びご一緒できる機会を頂いた。偶然にも初めて共演した作品と同じ、TBS金曜ドラマでの再会となった。クランクインは遠方でのロケだったので早朝の新幹線に乗っていると、同じ車両の最前列付近にいらっしゃった光石さんと目が合い、なぜかお互い大笑いし合った。現場ではまず当時の激イタ行動の数々を、若かったことを理由に陳謝した。

すると、

「DJコーへーって録音したの覚えてるよ、あれ、面白かったなあ」

「若気の至りとしか言えませんが、本当に申し訳ありませんでした」

「いやいや楽しかったよ。松下くんがくれたMIXCD、まだウチにあるよ」


そんな会話をしながら僕は「芝居、やめなくてよかった」と思った。自分に役者業は向いていないかもしれないと諦めそうになるたび、よぎるのは優しい言葉で励ましてくれたあの笑顔だった。

『最愛』の撮影中、2人きりのシーンがあったのだが、その数日前、光石さんは還暦を迎えたばかりで「今日が還暦一発目の映像芝居なんだよ。いつもと芝居変わっちゃうかもなあ、貫禄出ちゃうと思う」と真面目な顔でおっしゃった。けれど監督の「用意、スタート」と共に僕の目と耳に飛び込んできた還暦一発目の芝居は、あの頃と変わらない、僕が追いかけ続けてきた声と表情だった。運転席に光石さん、助手席に僕、という車内でのシーンだったので、とても近い距離で大好きなお芝居を見られたためになんだか胸が熱くなって、一人で勝手にエモい気持ちになってしまい、台詞を忘れた。

やっぱり、光石さんは僕にとって、あの日未熟な青年を救ってくれたヒーローだった。

10年後のいま頃、「古希だからさ、今日はもっと貫禄出ちゃうかもなあ」とおっしゃる光石さんと芝居できる日まで役者を続けたい、そう思った。

知らんぷり

つい先日、上手に芝居ができなくて、しばらく立ち直れないことがあった。これは僕個人の感覚的な話ではあるが、何年俳優をやっていても何度芝居をしても、時々湧き上がってしまう感情であり、この仕事をしている以上は一生付き合っていかなければならないものかもしれない。

台詞を忘れたわけではない。大事なところで噛んでしまったわけでもなく、言うなれば感覚的に「なんか、違った」のだ。

もう少し詳しく書くと、この日の僕は全てを用意してしまっていた気がする。

というのも、人は誰かと話している途中で「うん」と相槌を打つことが度々あるが、自分がいつ「うん」と言うかをわかっていていてしゃべる人はいない。

けれど僕たちは台本というものに沿って会話するので、僕が何かしゃべったあとに相手がなんと言うか、知っている。

全てを暗記した上で何もかもを知らんぷりするのがお芝居で、上手に知らんぷりできる人こそ、僕が思う芝居が上手い人だ。

けれどあの日僕は、相手がしゃべっている間「次は僕が渾身の〝うん〟を炸裂させる番だ」なんてことを考えてしまっていた。

たった一言の「うん」という台詞でも、気づいたら「うん」と言ってしまった、これがお芝居での正しい「うん」の言い方だ。

これは台詞だけの話ではなく、目線の落とし方や手の動きにだって当てはまる。人間はいつだって口や体が動く瞬間は無意識なはずなのに、しっかりと相手に届けることにばかり気が取られ、臆病になって次の言葉を頭の中でぐるぐると唱えてしまっている自分がいる。そういう時、僕は間違ったお芝居をしてしまう。

現場で時々こんなダメ出しをもらうことがある。

「いまのは曲がり角から突然人が出てくるのを知っている人のリアクションだよ」。1秒後に何が起こるか、次に相手が何を言うかなんて、未来人でもない限りわかりようのないことだ。

だから納得いく芝居をするために必要なのは、睡眠時間を削って必死に台詞を覚え、全ての段取りを理解した上で、「このあと何が起こるのか、なんにも知りまへん」みたいな顔をすることなのだ。普段の暮らしのなかでも、とっさに驚いたり笑ったり泣いたりするたびに「このリアクションが芝居でできたらいいのにな」と思う。

2021年11月現在、絶賛撮影中のドラマ『最愛』の第2話で、僕演じる大輝が、小学4年生の柊木陽太君演じる優と一緒に白川郷を歩くシーンがあった。

僕は本番の会話中、陽太君には内緒でいきなりほっぺたをコショコショしてみたのだ。あの時の彼の笑顔は素晴らしかった。

演出の塚原あゆ子さんが描くのは台本に書かれたストーリーではなく、その中で生きる「人間」そのものだ。俳優のリアルな表情が、お芝居の枠を超えて、登場人物を実在する人物のように見せるのだ。そのリアルを追求するために、あえて力の抜けたテストからカメラを回し、その映像が本編で使われているシーンもたくさんある。

人と人とが交わるその間に吹く風や摩擦の中に物語はあって、その瞬間を繋ぎ合わせたものがテレビドラマや舞台や映画だ。

話を冒頭に戻すと、上手に芝居ができなかった日、僕はそのことを一日中後悔してしまう。帰りの車の中でも、夜眠る前も、ずっと後悔する。悔しくて悔しくて自分を責めるのだ。

僕にはオーディション癖というものがついている。20代の頃、たくさんのオーディションを受けてきて、そこでいい結果を出すことが明日の自分を変える分岐点になると、強く思っていた。

〈あのオーディションに受かっていなかったら、いまの僕はないだろう〉という岐路のようなものが、僕の人生にはたくさんある。いまでも、何度も台詞を間違えたり、納得いくパフォーマンスができなかった時、「もう次は呼ばれないかもな」と卑屈になる癖が残ってしまっている。それでも「明日のスケジュールです」とマネージャーさんからメールが届くたび、明日も呼んでもらえることに感謝して、命拾いした気になる。毎日がオーディションだ。

同じことを何度も繰り返していくことが大切で、めげずにトライしていく。全身全霊で、毎朝早起きをして、寝る間を惜しんで台詞を頭に詰め込んで目指すのは、キング・オブ・知らんぷりだ。

鬆

とある深夜、翌日も早朝から撮影のため寝支度を、と思いながらも台所に立っていた。仕事終わりにはスーパーに寄って調味料を買おうと決めたので、忘れてしまわぬようにiPhoneのメモに打ち込んでいく。

・チューブのにんにく
・鬆

え？　なんだこれは。一瞬時が止まった。突如現れた、この見たことも書いたこともない「鬆（す）」という漢字。僕が酢と打ちたかったことなど、もうどうでもいい。ちょっと見てほしい。一つの漢字の中に「長」「松」、あと、なんだこの、謎の3本線。

なぜ「す」の変換1個目に鬆が出てきたかは未だ不明だが、すっかりときめいてしまった。あと4時間後には起きて家を出なくてはいけない人間のやることではないのに、どうしても気にかかる。「見たことも書いたこともない未知の漢字が、五十音の全てにあるはずだ」ということが。

僕はiPhoneのメモに打ち込んだチューブのにんにくを消して、「あ」と入力してみた。

「あ」と読む漢字は、ざっと見ても60個ほどあった。この中から、まだ誰も見たことのない奇抜で独創的かつ異常性のある一文字を見つけ出してみたい。未踏のジャングルで新種の鳥を見つける生物学者にでもなった気分だった。

見落とさぬように一つ一つ確認していく。すると早速、僕の目の前に信じられない「あ」が現れた。

それがこれだ。

「丫（あ）」。

笑いが止まらない。これは、どう見ても「Y」だろ。

調査を始めて1分足らずでこの発見は、予想外だった。もしかしたらiPhoneは、新種の漢字宝庫かもしれない。

僕は大きく深呼吸をして、か行に足を踏み入れた。「か」と打って変換してみると、やはり膨大な数の漢字が現れた。そして調査の途中、とんでもない漢字を見つけてしまった。

「卡（か）」。

インターネットで調べたところ〝挟む〟というような意味を持つようだ。これも初めて見た。

日本語の使い方は、近年大きな進化を遂げている。たとえば、「笑う」という意味を「草」と表現したりするし、訳もなくテンションが上がった時、「卍」という漢字をマジのあとに使うことで強調の意を表したりもする。ただ、これらは若者がよく使っている言葉で、多くは意味よりもノリ重視のように思う。なので、これらを誤って大の大人が使うと危険だが、「卡」という漢字は意味をしっかり理解した上で使えば、大人が使える略語として実用性があるような気がする。

たとえば、上司と部下の間で意見が異なり、板挟みになって身動きが取れなくなってしまった時、「今日は卡だったな」と言えば、端的に心情や状況が伝わる。

さらに、か行には「龜（き）」という、もはやどこから書けばいいかさえ分からないものや、「蠱（こ）」という皿に虫が3匹乗った恐怖の漢字もあった。気づけば調査は進み「そ」まで辿り着いた時、さらに衝撃的な出会いをしたのだ。それが「麤（そ）」だ。

こんなにたくさんの鹿に会ったのは、修学旅行で行った奈良公園ぶりだった。〝あらく、きめこまかでないこと〟というような意味だった。

時間を忘れ探し続けたのち、「驘（ら）」などユニークな一文字に出会ったが、結果、今回の調査では「麤」が圧倒的なインパクトを誇っていた。誰がなんの目的で作ったか分からないが、漢字とはとても自由で、面白い。

僕の名前には「洸（こう）」という一文字がある。

これは〝水が光を受けてキラキラしている様〟を表し、才能が噴水のように吹き上がって輝きますようにと、母が選んでくれた字。そうか、読みがひらがな2文字の漢字にも、まだまだ未知の世界が広がっているかもしれない。そう興奮しながら、ふと時計を見ると、僕に残された睡眠時間は3時間を切ってしまっていた。調べたい欲と、もういい加減寝なければという思いの間で完全に卡だ。

でも、もう寝よう。というかこれ、どうしてもいまやらなければいけなかったことか？

師走、猫になる。

２０２１年が終わろうとしている。

12月28日。とてつもないスピードで駆け抜けた一年に別れを告げて、新たな一年を迎える準備をしなければならない大切な時期に、僕の思考は完全に停止してしまっている。

3月から始まったこの連載「フキサチーフ」は、すっかり僕のライフワークだ。毎月様々な出来事に「。」を打ってきた。せわしない毎日のなかでも月に1度、ノートパソコンを開いて日々の出来事から徒然とした思いまで、自分なりの文章に起こしていくことで、記憶に色がついて残る感覚がとても面白かった。

しかしいま、僕は何を書けばいいのか、何を書くべきなのか、それを考えることすらできない状況に陥っている。

時刻は午前10時。起きてからもう1時間以上経っているというのに体が全くもって動かない。「何を書けばいいかわからない」ことを書く。という手もあるが、それは僕の文筆家としてのプライドがなんとなく許さない（やかましいわ）。

実を言うと、書けないだけでなく、風呂に入ることすら億劫なのである。何か食べるのも、起きるのも寝るのも全てが面倒で仕方ない。では何をしているかというと、本当に何もしていないのだ。ただずっとベッドの中にいて、Instagramで可愛い猫の動画を見たりしている。

「何かせねば」と5分に1度思いながらも、一向にベッドから出ようともしないふにゃふにゃな身体を、善良なもう一人の自分が背中を押すように起こし台所へ連れて行く。しかし猫を見すぎたせいだろう、自分が人間であることを忘れてしまったようで、水を一口飲んだらまたベッドの中に潜り込んでしまうのだった。もうどうしようもない。そしてお察しの通り、書けないことを書いて2021年最後の「フキサチーフ」を終わらせようとしている。作家としてそれは如何なものだろう（やかましいわ）。

なので、もう少し具体的な話をしようと思う。

こうなってしまった原因を、僕は知っている。

単純にペース配分が下手だったのだ。マラソンに例えると、残り100メートルでゴールというところで力尽きてしまったようなものだ。調子に乗って頼んだ大盛りを急いで食べすぎてしまい、お皿に残った最後の一口がどうしても食べられない時とも似ている。

12月30日には「グルメチキンレース ゴチになります!」の大精算3時間半スペシャルの生放送があり、大晦日から元旦にかけては『CDTVスペシャル!年越しプレミアライブ2021→2022』への生出演がある。年明け1月3日にはラジオ番組『松下洸平のオールナイトニッポン』で1日限定パーソナリティーも務めさせていただくことになっている。「もう1歩も走れまへん」では済まされないし「もうお腹いっぱいなんです」なんて言い訳は通用しない。いますぐにでも「フキサチーフ」を書き始めないとまずいのだ。

思い返せば、今年は本当にたくさんの人や作品との出会いに恵まれた。ドラマや舞台以外にも『徹子の部屋』や『ミュージックステーション』に初めて出させていただいた。

たくさんの夢が叶った一方で、何度友人からの食事の誘いを断っただろう。着る服も大半はスウェットになったし、疲れ果ててソファーで寝てしまう日も多かった。

返信の追いつかない既読メールが常に十数件溜まっており、いつしか「この人は連絡をしても返信がない人」という認識に変わったのか、メール自体が来なくなった。この間、時々お茶しに行っていた近所の喫茶店の店員さんから「いつもテレビ見てます」と声をかけられ、嬉しい半面、もういままでみたいにボサボサ頭でフラッと行ったりはできないかもしれないなあ、と思った。

この一年、頭の中は芝居と音楽のことばかりで、結果を出すことだけを考えて全速力だった。でも2022年からは、時々自分を労わることも仕事の一つに入れようと決めた。いや、年明けからではなく今夜から。

猫の動画もいいけれど、まずは起きて顔を洗い、返していないメールの返信をするとしよう。

今年もお疲れ様、自分。ありがとうね。

あれ、なんだか、書けそうだ。

ペース

2022年1月末、「KOUHEI MATSUSHITA LIVE TOUR 2022〜CANVAS〜」が終わった。

2021年から再始動した僕の音楽人生史上一番大きな会場となった、大阪・オリックス劇場や東京・中野サンプラザホール2DAYSを経験して、自分のシンガーとしてのいまの実力と音楽の楽しさを改めて知ることができた。

なんのために歌うのか、理想の音楽ってなんだ。この答えを見つけるまでに僕はあと何回歌うのだろう。

僕はとてつもなく奥の深い世界に足を踏み入れてしまったように思う。

そんな世界でもう一度自分の居場所を探そうと決めたのは、2019年の冬のことだった。2008年に一度メジャーデビューしていたが、俳優業に転向してからはリリースなどは一切してこなかった。けれど事務所の方々が「もう一度、本格的に音楽を再開してみては?」と声をかけてくださったことがきっかけとなり、再デビューすることが決まった。

しかし僕一人では何もできないことは分かっていたので、楽曲制作やライブのサポートをしてくれる人を探していた。

そこで僕は懐かしい友人に一本の電話をかけた。

「突然なんだけど、一緒に曲作るのを手伝ってほしいんだ」。そう伝えると、電話越しにその友人は「いいね！　やろう！」と迷いなく返事をくれた。

カンノケンタロウというギタリストは昔からそういう人だった。

僕が19歳の頃、通っていた音楽の専門学校の生徒たちが溜まり場のようにして使っていた敷地内の広場に彼はいて、いつもギターを弾いていた。「カンノさん、一緒に音楽やりませんか」。そう声をかけた時も「いいね！　やろう！」。そんなノリだったことをよく覚えている。

いつも笑っている人だ。「何がそんなに可笑しいのか」と聞いたところで、「それのどこが可笑しいのか」と思うくらいくだらない話に大笑いしていることがほとんどで、ツアー中も隣の楽屋からカンちゃんの爆笑が5分に1度は聞こえてきた。

僕は彼のあたたかいギターの音色や音楽に対する関わり方、頑固な部分もしっかりと持ち合わせているところが好きだ。

そして彼は独特のペースを持っている。

以前、不思議な出来事が起きた。

２０２１年に開催された初めてのライブツアー「KOUHEI MATSUSHITA LIVE TOUR 2021 HEART to HEART」が終わり、お疲れ様の意を込めて僕の家で軽く食事でもどうかとお誘いしたところ、「いいね！　やろう！」と返信がきた。僕の仕事が終わる時間に合わせてくれたので、20時頃からと約束をした。しかし当日、仕事が終わり自宅で待っていたのだが、20時を過ぎても連絡がない。

道にでも迷っているのかと思い、「大丈夫?」とメールをしてみても返信はない。10分過ぎても15分過ぎても一向に連絡がなく、いい加減心配になってきたところで、カンちゃんから「ごめん！　やらかした」と連絡がきた。

聞けば、寝てしまっていたというのだ。

20時の待ち合わせに寝坊する人を初めて見た。そしてその瞬間、僕の心に湧き起こった感情は怒りではなく、「なんで寝たんだろう?」という疑問だった。つくづく不思議な人だと思いながら、僕はただただ腕を組んで微笑しながら首を傾げるしかなかった。

人にはそれぞれペースというものがある。歩くペース、しゃべるペース、ご飯を食べるペースなど、それは人によって様々であり、それが全く一緒、なんて人は存在しない。

世界の人口を調べてみると、これを書いているいま現在、78億人以上いると言われているそうだ。ということは少なくとも78億通りのペースが存在するわけだ。

「似た者同士」という言葉があるけれど、どれだけ似たような性格であろうとも、クローン人間でもない限り、やはり必ずどこかがずれていて、その摩擦の中に感情というものが生まれる。怒りや憎しみ、争いや愛がこの世から消えないのは、一人として自分と同じ人間がいないことの証と言ってもいいと思う。僕だって他人から見れば、理解し難い独特なペースで生活しているかもしれない。

これからも、人と人とがぶつかってできる摩擦の中にある感情を、「音楽」に変えてカンちゃんに表現してもらいたい。そこに僕はどんな言葉を乗せて歌おうか。

そうだ、余談だが、あの夜寝坊した彼に「君は赤ちゃんなのか？」と聞くと、彼は「本当にごめん、バブー」と言った。この「バブー」は、さすがにイラっとした。

これは私の
ペンですか？

自分で言うのもなんだが、僕は台詞を覚えるのが結構得意だ。長く芝居を続けているので、「言葉を覚える脳みそ」というのが無意識のうちに発達していったのかもしれない。これまで舞台で二人芝居を何本か経験させてもらったのも大きいだろう。「これを覚えられたら怖いものなんてない！」という膨大な台詞量の作品にたくさん出会えたからこその、いまだと思っている。

「覚え方」というのは人それぞれだが、僕の場合はひたすらブツブツと呪文のように台詞を何度も繰り返し唱えるスタイルだ。これは台本と静かな場所さえあればあとは何もいらないので合理的だし、個人的にはこのやり方が一番覚えられる。そしてもう一つ大切なのは、脳にスペースを作ることだ。

まずは、大きく深呼吸をするところから始める。

そうすることで記憶の中枢にゆとりを持たせ、言葉を記憶するスペースを作る。

2022年3月のいま、僕は音楽劇『夜来香《イエライシャン》ラプソディ』の稽古と本番、4月から始まるドラマ『やんごとなき一族』の撮影が完全に重なっていて、2作品の脚本を同時進行で頭に入れる必要がある。なので、覚えなければいけない言葉の数が尋常ではない。

けれどそんな時こそ、深呼吸だ。大きく吸って吐くことで、文字を記憶して保管する場所が確保できる……気がしている。

さて、こんなにたくさんの言葉を覚えられるのだから、さぞ記憶力がいいのだろうと思われることがある。しかし、僕は台詞以外のことが全く覚えられないのである。おそらく、ロケット鉛筆のように台詞を頭に入れれば入れるほど、その他の大切な多くのことが記憶から抜け落ちてしまっているのだろう。

先日、どうしてもラーメンが食べたくなって、仕事終わりにふらりと寄った。

これまでにも何度か行ったことのあるお店なのだが、ここは店前《たなさき》で食券を買うスタイルだ。僕はこの店自慢の「トマトチーズラーメン」を選んだのだが、せっかくなので大盛りを頼まないわけにはいかないと思い食券ボタンを探した。右下にあった「大盛り」ボタンを押し、さらにはライスまで追加して、〆にリゾットをかっくらう勇ましさを見せつけてやろうと思ったのだ。

計3枚の食券を渡して自席で待つこと数分。運ばれてきたラーメンを啜り、味を噛み締めていた時、隣のお客さんが「すみません、替え玉1つ」と店員さんに伝えた。

その声を聞きつつも黙々と食べ進め、スープを残してそろそろ麺がなくなる頃、己の胃袋にある疑問が浮かんだ。

「僕は大盛り券を買ったはずだが、なんかもうちょっとだけ食べられる気がする。なら僕も替え玉を頼みたい。あれ？　ちょっと待て、そもそも自分が買ったのは大盛り券ではなく、替え玉券だったのでは？」

思い返せば、食券機の大盛りボタンの下に替え玉ボタンがあったような気がする。要するに、自分が食べたのが大盛りだったかどうかが分からないのだ。テーブルの上にある半券を見ても詳細が分からない。俺の腹よ、頼みの綱は君しかいない。どうなんだ？

協議の結果、僕は替え玉を頼んだ。僕が麺を受け取ると店員さんが一言、「現金で150円になります！」。

「⁉　あの僕、替え玉券買ってなかったでしたっけ？」

「えーっと、大盛り券を買っておられます！」

「えっと、じゃあ僕がいま食べたのは大盛りですか？」

「そう……なります！　どうします？」

「あ、食べます食べます」

そう言って僕は替え玉をスープにダイブさせた。

中学生の頃、英語の授業で英文にしなさいと書かれた問題に「これは私のペンですか？」というのがあり、読むたびに疑問を抱いていた。こんな台詞、いつ使うんだろう。私のペンかどうかを私が知らないってどういうこと？　そんな疑問を抱いていた少年が、35歳を目前にして「私が食べたのは大盛りですか？」と言っている。情けない。

しかし頼んだ手前、もちろん残すわけにはいかない。

僕は台詞を入れる時と同じく、大きく深呼吸をして胃袋に麺を入れるスペースを作った。

なんとかして食べ切った時には、満腹中枢は指令を出しすぎて限界を超えていた。

そりゃそうだ、大盛り食ったあとに替え玉追加したんだから。
そして〆にと思っていたライスと目が合い、僕は途方に暮れた。

エバーフレッシュ

２０１８年、我が家に一本の観葉植物がやってきた。

当時住んでいた家の近くにあった商店街の小さな花屋さんの入り口横で、日差しを浴びながら風に揺れていたエバーフレッシュ。店の前を通り過ぎようとした時、僕はその子と目が合った。一目惚れだった。

迷わず購入したエバーフレッシュは、プラスチック製のプランターに植えてあって、両手で抱えてそのまま歩いて家まで持って帰れるほどの重さだった。鉢底から一番上の葉までの高さは僕の腰より少し低いくらいで、リビングの窓際に置くと店前に置いてあった時の印象より少しだけ大きく感じた。

いくつもの細長い緑色の小さな葉が連なるようについていて、その集合体が一枚の大きな葉のように見える。若い薄緑のものから濃い緑の大きなものまで、集合体にして15枚ほどの葉が、見知らぬ部屋の隅で緊張しながらこちらを見ていた。

ところがその日の夜、エバーフレッシュは葉を閉じてしまった。

あんなにフサフサと羽を広げるようにしていた葉たちが一斉に閉じ、緑色の細い棒のようになってしまった。これは「睡眠運動」といって、夜間に葉から水分が蒸発していくのを防ぐためなのだそうだ。

そして翌朝、またウワッと葉を広げ、夜になるとまた、閉じて眠るのだ。

僕はあの日、「部屋に緑があったらお洒落だろうな」くらいの気持ちでウチへ招き入れたはずだったが、夜になると眠り朝になると目覚めるように葉を広げるこの生き物に、特別な愛情を感じ始めていた。

植物というより、もう一人の住人。そんな感じだろう。

気がつけば「おはよう」とか「ただいま」を言う相手になっていた。返事はない。しかし、いつも僕の背中を黙って見ていた。

月日は流れて7ヵ月後、我が家のエバーフレッシュに異変が起きた。

綺麗な緑色だった葉たちの何枚かが徐々に黄色くなり、やがて枝を揺らすとその葉がポロポロと落ちるようになった。いつしかたくさんの枯葉が、フローリングに散在していた。

インターネットで調べてみると水不足や日照不足などが原因と書いてあったので、水をたくさんあげてみた。さらに窓際の明るいところで光を浴びさせたが、回復する気配はなく、終いにはフサフサと茂っていた葉が僅か数枚になってしまった。

僕は悲しさではなく、申し訳なさを感じていた。僕の育て方が間違っていたのか、そう思うといたたまれず、なんとかして救わねばと、エバーフレッシュを抱えてあの花屋さんに駆け込んだ。現状を見た店員さんが一言。

「切りましょう」

すでに栄養が届かない死んだ枝を切ることで、いま生きている葉にしっかり養分がいくよう剪定をしてくれた。同時に根詰まりを起こしていたプランターから大きな鉢に植え替え、新しい土を入れてくれた。

剪定後は購入した当時の面影がなくなり、なんともみすぼらしい姿になってしまっていた。あとはもう一度元気になってくれることを祈るしかなかった。

それから約4年後の2022年現在も、彼はリビングにいる。

現在は僕の身長をゆうに超え、一番上の葉は背伸びをしても届かないほどの高さまで成長した。数え切れないほどの葉が生い茂り、時々ハサミで剪定をしている。最近では先端からまた新芽が出てこようとしている。

しかし、その新芽は我が家の天井に当たってしまっており、この家で育てるには限界が来ている。

舞台で怪我をして帰ってきた僕、大酒を飲んで服のままソファーで寝てしまった僕、コロナ禍下の緊急事態宣言中なぜかチャーシュー作りに没頭する僕、約4年間の僕の全てをただ黙って見守り続けてくれた大切な家族。いまでも時々、「おはよう」とか「おやすみ」を言うが、返事はない。

最近、新居を探しているのだが条件がある。

駅から徒歩10分圏内、鉄筋コンクリート、オートロック、バストイレ別、それと、天井が高いことだ。

仕事

僕は2022年5月のいま、フジテレビの木曜ドラマ『やんごとなき一族』の撮影真っ最中なのだが、連続ドラマの撮影というのは本当に過酷だ。

とにかく朝が早い。舞台出身の僕にとっては4時とか5時に起きるなんて、本当に恐ろしかった。いまでこそ習慣化されてきたけれど、毎晩「明日こそ起きられなかったらどうしよう」とビクビクしている。演者もスタッフの皆さんも、少ない睡眠時間と闘いながらの撮影。僕自身も短い睡眠時間が続き、正直ヘトヘトだった。

その日も収録が終わり時計を見ると翌日の起床時間まで残り数時間だった。

しかし、「ちぇっ、終わっちゃった」と思う自分がいるのだ。さらには、「早く明日にならないかな」とまで思う。

嘘じゃない。

自分でも、どうしちゃったんだろうと驚いている。

とにかく、現場で仕事をしている時間が楽しくて仕方がない。

いま、僕はそういうゾーンにいるのかもしれない。

「楽しいだけで仕事をしているうちは、本当の意味でその仕事のことを知らない」

そう思って生きてきた。なぜなら、お芝居を始めた頃はとにかく楽しかったけれど、続ければ続けるほど、自分は芝居が下手だということを思い知らされ、毎日怒られて、躓《つまず》いて、それでもやめずに続けたいと思えたこの仕事こそが自分の天職だと知ったからだ。

仕事とは、本来大変なものだ。

だから自分にとって仕事場は闘いの場であり、楽しいなんて思ったらダメだと言い聞かせて生きてきた。

「この世界、そんな甘いもんじゃない」。そんな風に考えてやってきたからこそ、こんな感覚に陥っている自分のことが不思議で仕方がない。

厳密に言うと、楽しいというより、幸せ。なのかもしれない。

朝の早起きはやっぱり嫌いだし、台詞がうろ覚えの日は不安だ。毎日現場に入る瞬間は、「さぁ、今日も闘いだ」と思いながらスタジオに入っていく。

だけど、そうやってものを作る時間が何より幸せで楽しいのだ。収録が終わる頃、「明日もみんなと何か作れる。幸せだ。ありがたいや」と思いながら車に乗り込むのだ。

そんな、妙に現場を楽しんでいる僕を毎日一番近くで見ているのが新人マネージャーのSくんだ。Sくんは、入社2年目で現場マネージャー初挑戦の23歳で、僕の現場についてくれるようになってまだ2ヵ月ほどだ。

背が高く、今風のシュッとした見た目の彼は、礼儀正しくていつも一生懸命だ。地元長崎から就職で東京に来た彼にとって、交通量の多い都内の道での運転や千葉、横浜など遠方ロケへのルート選びなど、全てが初めての連続だ。

2021年のシンガーソングライターとしての再メジャーデビュー後、デモ音源というものを頂くことが増え、移動中の僕は車内のBluetoothに自分のスマホを繋いで、その音源を無限ループでかけたりする。それを聴きながら何やらふんふん歌っているのを、延々と聞かされるSくん。はたまた台詞を覚えなくてはいけない僕が後部座席でぶつぶつしゃべっているのを、黙って聞いているSくん。

彼の仕事は運転だけじゃなく、現場に着いてからスタッフさんたちとコミュニケーションを取ったりするのだって大切な仕事だし、そうこうしていたら、「Sくん、写真撮ってくれる?」と頼まれて僕の変なポーズの写真を撮るはめになったりもする。

ある日の仕事終わりの夜、僕はふと思う。彼はいま、楽しいだろうか。「早く明日にならないかな」と思いながらいま運転しているかな。きっと、いや絶対思っていない。今日も駐車券を貰い忘れて、この世の終わりみたいに落ち込んでいたのだから。僕がたまたまどうかしてるだけで、本来仕事とは大変なものだ。じゃあなんのために働くんだろう。お金のため? 名誉のため? もちろんそれもあるけれど、やっぱり何か面白いものを作ってみんなに見せたいからだと僕は思う。

Sくんは、自分が携わった記念すべき1作目の第1話を見て、「すごいな。楽しいな」と思ってくれただろうか。そんなことを思いながらデモ音源の無限ループを止めた。

代わりにSくんが好きだと言っていた星野源さんの曲をかけて一緒に聴きながら帰った。バックミラーに映る彼の視線は、ただ前を向いていた。東京のネオンが映るその瞳が何を語っているかは分からなかったけれど、ハンドルを握る左手の人差し指がトントンと、小さくリズムを刻んでいた。
なんか、ちょっと嬉しかった。

鎧

「出身どこなんですか?」と聞かれ、「八王子です」と答えると、かなりの確率で「不良の多い街だ!」と言われる。その他にも、「八王子は東京ですか?」とか「中央線の終点!」とか、何かと話題に事欠かない街だ。実際、これを読んでいる方の中にも同じようなイメージや疑問を持たれている方がいるかもしれないので言っておくと、八王子はゴリゴリの東京です。そして中央線は確かに八王子行きもあるが、その先の高尾行きもある。

そして何を隠そう、僕はその高尾で生まれ育った。

自然豊かな街で暮らした幼少期の遊び場といえば、川や田んぼ、山など自然と共にあった。夏は家族や友達と近所の川辺まで蛍を見に行ったりしていた。四方を山に囲まれた盆地のため、雪が降ると積雪量は都心部よりも多く、毎年都内で一番早い雪だるまの写真が地元の友人から送られてくる。

夏はどこよりも暑いくせに、冬はべらぼうに寒いので、そうやって「八王子は東京ですか?」と聞かれてしまっても仕方がないっちゃ仕方がない。

さて、ここからが本題だが、一番最初に書いた「不良の多い街だ!」に関しては……。

確かに多かった。ここで重要なのは、多「かった」という点。僕も地元を離れて15年以上経つので、現在の街の治安に絶対的な自信があるわけではないが、親や地元の友人に聞く限り、駅周辺の開発も進み、首都圏の住みたい街ランキングで上位に食い込むこともあるくらい安心安全な街になっているそうだ。

しかし、僕が暮らしていた約20年前の八王子や高尾には、こわ〜いお兄ちゃんたちが確かにたくさんいた。夜になると、どこからか「ブィ〜ンブンブンブンブン！」とけたたましいエンジン音と共にやって来ては爆走するバイクの集団で溢れ、その数は夏の蛍より多いという噂もあった。

そんな街で育った僕は八王子市立の中学校に入学したのだが、この学校がまた怖かった。正門を潜ったすぐ脇にバスケットコートがあって、コートの端のベンチに座っている2・3年生の先輩たちが新1年生の僕たちをグッと睨みつけていたのだった。

その姿はまるで獲物を狙うライオンのようで、僕ら1年生はサバンナに迷い込んだ鹿のように恐る恐る登校していた。

そんな日々を救ってくれたのが、「缶バッジ」だった。

高尾駅の近くにあった雑貨屋さんにはお洒落な缶バッジが売られていて、1個200円やそこらで買えるものだったので、お小遣いでその缶バッジを買っては学校指定のナイロンバッグにつけて学校に通っていた。

いま思えば、自分なりのお洒落というものに目覚めた最初の瞬間だったのかもしれない。カラフルな柄のものや、キャラクターがプリントしてあるもの、気づけば10個ほどに増えていて、歩くたびにバッジ同士がぶつかってシャリンシャリンと音がするようになっていた。

ある日の登校時――。いつものように正門を潜ると、朝から怖そうな先輩たちが相変わらずバスケコートのベンチにたむろしていた。

すると、シャリンシャリンという音に反応したのか、先輩の一人が僕に向かって「おい」と声をかけてきた。

「終わった」と思った。頭の中で妄想が一気に膨らむ。

〈先輩は僕の缶バッジを引きちぎって投げ、「生意気だゼ！」とゲンコツを食らわせるに違いない……〉

そこで、先輩の呼び止める声に気づかないフリでもして校舎の中にさえ入ってしまえばなんとかなると思い、目を合わせず、ただ猛然と前に進み続けたが、声をかけてきた先輩は僕の眼前に立ちはだかり、もう一度「おい」と声をかけてきた。もう逃げられない。覚悟を決めて「はい」と言うと、その先輩は僕の鞄についている缶バッジたちを指さして、「これ、カッケーじゃん」と言ってきたのだった。僕は「ありがとうございます」とだけ言い、ペコリと頭を下げて校舎に入った。心臓が口から飛び出そうなほど怖かった。

けれど、その時知ったのだ。「お洒落は自分を守る鎧だ」と。

その後僕は、可愛がられることこそなかったが、怖い思い一つせず中学校生活を終えることができたのだった。

そんな経験から「お洒落は自分を守る鎧」という考え方が染みついて、大事な収録の日や顔合わせの日は、ジャケットやシャツスタイルで行くようにしている。スーツやドレスは、礼儀やその場に適したフォーマルなお洒落であるだけじゃなくて、自分を奮い立たせたり、メンタルの安定材としての役割も兼ねている気がする。

今日の収録は気合いを入れたい！と思う時は、スタイリストさんにこう伝えている。

「一番かっこよくて、一番ナメられない服で！」と。なんならスーツに缶バッジをつけたいくらいだ。でもそれはできないので、僕は心にお守り代わりの缶バッジをたくさんつけて闘いの場に挑むのだ。

そういう日、スタジオの廊下を歩く僕にだけは聞こえる。シャリンシャリンと。

俺

最近、人としゃべる時やメールを打つ時、一人称が「俺」になっている。いきなりなんの話だと思われるだろうが、これは僕にとって結構な変化だ。そしてたったいま、一人称が俺になっていると言った男が、なんの迷いもなく「これは僕にとって」と無意識に「僕」とキーボードを叩いている。僕はいま、混乱の最中だ。

自分は「俺」なのか「僕」なのか、分からなくなっているのである。

そもそも物心ついた頃から数十年ずっと「僕」を使い続けていたにもかかわらず、なぜ突然「俺」とか言い出しているのか。

理由は明白だ。いま演じている役の一人称が「俺」だからだ。少しでも役に近づくために自分でできることはなんだろうと考えて、役と同じ一人称にしてみた。クランクインの日から共演者やスタッフの皆さんと話す時は「俺」にしている。

最初こそ、「俺さあ」なんて言うことにものすごい違和感を感じていたけれど、1週間が経ち、2週間が経ち、かれこれもう3ヵ月以上が経とうとしているいま、今度は逆に「僕」にとてつもない違和感を感じている。

いまでも撮影現場でポロッと「僕は」と言ってしまうことがあるのだが、そのたびになんとも言えないむず痒さを覚える。

「いま僕は、俺だ」ということを意識してしゃべることで、己を洗脳していく。

そうやって役作りをしていった結果、本来の自分に戻れなくなってしまったことが多々ある。

家族や古くからの友人と話す時、いままでずっと「僕」でやっていた男が突然自分のことを「俺」なんて言い出したら「急にどした?」と聞き返されるに違いない。

だから今日も電話で親と話した時、いつも通り一人称を無理やり「僕」にしてしゃべった。

完全に自分で決めたルールに縛られている。

僕はそういう人間だ。

これまでも何度か、こうやって自分を見失ってきた。

『スカーレット』に出演中、標準語でしゃべることをやめた結果、その土地の方言でしゃべることに慣れてしまって、なぜかいまでも標準語より関西弁のほうが本音で話しやすかったりする。生粋の東京人だったはずなのに、可笑しな話だ。

さらにややこしい話をしよう。学生時代にバイトしていた居酒屋でこんな一人称が流行っていた。「ミー」だ。従業員みんなが自分のことを「ミー」と言っていた。

「3番テーブルさんの料理、ミー持ってきます！」

「ミー掃除やっときます！」

みんな取り憑かれたようにミーミーミーミー言うもんだから、いつしか僕も自分のことを「ミー」と言うようになっていった。この癖がいまでも抜けないのだ。本当に心を許した、というより「ミー」という一人称を使っても引かれない相手にしか使わないのだが、そういう人と飲みに行って酔っ払ったりすると、僕は関西弁で自分のことを「ミー」と呼ぶ人間になる。こうなるともはや、本来の自分の原型をとどめていない謎の自分だ。

本当の自分って、なんだっけ。

松下洸平としてのインタビューや取材の際に「なんでも器用にこなされますよね」「真っ直ぐで力強いキャラクターを好演されていましたね」などと褒めていただく

ことがある。そのたびに「実際の自分はそんなにたいそうな人間ではないのです」と心の中で思う。

もちろん褒められたら嬉しいし、いつまでも褒められて生きていたいから、見かけだおしな人間にならないよう努力し続けたい。

けれど、やっぱり本来の僕は決して器用な人間ではないし、強くもない。

困難を目の前にした時に、自分のことよりも誰かの幸せを優先できる役と向き合うたび、「自分だったら尻尾巻いて逃げちゃうかもな」と思う。

一人称を「俺」に変えたのだって、役作りのためとかっこつけているだけで、本当はこんな為体《ていたらく》でいつも臆病な自分から、「真っ直ぐで、強くて、誰かを守ることのできる」これまで演じてきた役柄に逃げているだけなのかもしれない。

一つの作品が終わるたび、途方もない孤独感を感じるのは、そんな『最愛』の宮崎大輝や『やんごとなき一族』の深山健太という役に頼っていた証拠なのだろう。「大ちゃんかっこいいな」「健太すごいな」と、いつも羨ましい気持ちで台本を読む。と同時に、クランクアップしたあとに残る、ただの自分のことをもっと好きにならななきゃな、と思う。

2022年6月のいま、もうすぐ『やんごとなき一族』の撮影も終わりを迎える。お世話になったキャストやスタッフの皆さんとさよならをして花束を持って帰ってきた自分に、恐る恐るこう問おうと思う。

ところで、自分は一体何者だ？

俺か、ミーか、それとも僕か。

あの時もっと
話しておけば

「松下さんは、人見知りですか？」

控え目な声で僕に尋ねたのは、とある番組の収録でお世話になったメイクさんだった。

この日は、ある番組にVTR出演することになり、テレビ局から依頼を受けたフリーのメイクさんにお世話になることが決まっていた。

その方は、質問の答えを待つ前に僕にこう話してくれた。

「私はすごく人見知りで、初めてお会いするタレントさんや俳優さんにメイクさせていただく時、とても緊張してしまうんです」

確かにこの仕事をしていると、たくさんの初めましてと遭遇する。

そして、人と人とのコミュニケーションの中から生まれるものを積み重ねて何かを作ることを生業としている以上、〈会話〉はとても大切だ。

しかし、話すのが苦手だという人は絶対にいるし、僕自身そのことに対して否定的な考えはまるでない。

「初めましての方と仕事することが多いですよね。とても大変だと思います」

僕がそう言うと、

「私は緊張しないように、初めましての方のメイクを担当する時、事前に好みを調べてから現場に向かうようにしているんです。こういうメイクがお好きなんだ、いまの髪の長さはこれくらいだからこんなアレンジができそう。そうやって準備して行くようにしていて。でも、以前とある方のメイクを担当することになった時、いつも通り事前に写真を見たりしてイメージを固めてからお会いしたんですが、実際のその方の髪は、お仕事の関係で数日前にパーマをかけられたらしく、クルックルなんです。用意していたプランが全部崩れて、さらに緊張と人見知りも相まって、結局ほとんどお話もできず。準備しすぎるのもよくないんだって思ったんです」

とても共感できる話だと思った。僕も以前、そうやって共演者の方のことを事前に調べてからお会いすることを心掛けていたけれど、結局「相手のことをどれぐらい知っているか」ではなくて「相手に自分のことを知ってもらうこと」のほうが大切なんじゃないかということに気がついた。

たとえばWikipediaに掲載されている情報は、あくまで表面的な情報であり、人となりではない。

僕はメイクさんに「自分は人見知り、全くないんです」と伝えた。

正直に言うと、「全くない」というのは嘘だ。全くない人なんて、きっといない。

たぶん。

けれど、これは僕が自分で決めたルールなのだが、「人見知りありますか?」と聞かれたら、ないですと答えるようにしている。

元々人と話すのは好きだし誰に対しても壁はないほうだが、僕だって初めてお会いする人を目の前にして緊張することはもちろんある。

20代の頃、千秋楽が近くなった頃に共演者の方から
「いや~初めて会った時はこんな人だとは思わなかったよ」

と言われることがよくあった。

大抵は「こんなふざけた人だとは思わなかった」とか「もっとしっかりした人だと思っていた」といった期待を裏切る結果に終わってしまっていたのだが、結局こうやってボロが出てしまうくらいなら、最初からかっこつける必要なんてないんじ

ゃないかと思うようになった。猫を被っていたつもりはないけれど、「ちゃんとした人だと思われたい欲」みたいなものが、やっぱりちょっとある。

初対面で「どうも！　バカです！」は本っ当にやめたほうがいいけれど、最初からなるべく自然体でいることを心掛けてみた頃から、人とのコミュニケーションがとても楽になった気がしている。

台本のない日常で出会う人たちと心を通わせていく時、大切なのは自分から発信していくことなのかもしれない。「あの時もっと話しておけば」という後悔が残るのは嫌だから、これからもたくさん話して、こうして書いていこうと思う。

かけ

面白い韓国ドラマを観た。

『私の解放日誌』という作品。都会のソウルで働く3人のきょうだいが住むのは韓国の田舎町。

ソウルまではバスと電車を乗り継いで行かねばならず、その距離ゆえに、会社で繰り広げられる色恋沙汰やライトな人間関係にも付き合い切ることができないのだ。「家が遠いから」という理由で飲み会を途中で切り上げたり同好会への参加を断ってしまう末っ子の姿に人生の物足りなさを感じるのは、田舎に生まれた自分の境遇を受け入れるしかないと悟っているからのように思えるが、一方で、ずっとその境遇にうんざりし続け、いつも鬱屈した表情をしているのが長女で、長男もまた、上手く生きられない自分に苛立ち、それを故郷のせいにしていた。

静かに進むストーリーの中にリアルがちりばめられている。

と、ここまでやけに興奮してベラベラと語ってきたが、ネタバレしてくれるなよ、そう思い、このページを飛ばそうとするあなた。心配いりませんよ。なぜなら、僕もまだ1話しか観ていないので。

作品のよさを全部理解したような口ぶりだが、1話観終わったところでこれを書いている。そもそもなぜ僕が韓国ドラマを観ているかというと、いろいろなことを一度やめたくなったからだ。僕の目の前にはいま、やらなければならないことが山のように積まれている。

たとえば、描きかけの絵。これは先日結婚した友人に、お祝いとしてご夫婦の絵を描いてプレゼントしようとしているのだが、あとは2人の名前を描いて完成というところで奥様の下のお名前を聞いていなかったことを思い出し、作業が止まっていた。その後、友人に奥様の名前を聞いて確認済みなので間もなく完成なのだが、まだもう少しだけ時間がかかりそうだ。

返しかけのメール。返信の内容を考えすぎて返せていないままのメールが何通かある。適当にあしらえない性格のため、つい時間がかかってしまう。

書きかけの歌詞。とある曲を、かれこれ2ヵ月ほど書いては直している。完成しそうでしないこの曲のことを僕は「サグラダ・ファミリア」と呼んでいる。

その他にも、覚えかけの台本や片づけかけの寝室、読みかけの本、クリアしかけのゲームなど、現在たくさんの「かけ」に包囲されてしまっている。

誰かが代わりにやってくれるものは一つもないので、必要なのは己の「やる気」のみだ。こういう時、ただボーッとしているだけでは、その気持ちはやってこない。かといって「あれもこれもやらなきゃ」と思いすぎると、猛烈にやる気がなくなってくる。なので一度、片づけようとすることをやめるのだ。

違うことを考えたり、何か別のことをすることで、やるべきことについて考える力を蓄える。

今回は韓国ドラマを観ることで現実逃避をしたけれど、たとえば誰かと他愛もない話をしたり、好きな食べ物を食べたいだけ食べたり、お酒を飲んだりすることでスッキリすることもある。

ひとりぼっちで何かを作ろうとすると、完成した作品は孤独なオーラをまとってしまう気がする。あったかくて優しい絵や音楽を作りたいと思った時、自分自身の心もできるだけ温もっていたい。

よく、「スターは孤独だ」なんて言葉を耳にする。

この世界は一見すると煌びやかに見えて、実はその裏には地道な努力や、一人では抱えきれない責任に押し潰されそうになるのを必死に耐える日々が存在している。けれど、その苦しみを表に出すことはあまりないし、出す必要もない。

陰で暮らしを支えてくれる家族や、パートナーや友人がいたとしても、全ての苦しみを理解し、100％共にできる相手はそういないと思う。

「どれだけ大変か」をぐちぐちと言うのでさえ、実は体力がいる。するとどうだろう、心はいつしか「言ったところで大変なことに変わりはない」「わかってくれる人などいない」そう思うようになるのではないだろうか。

そうやって、やがてスターは孤独になってしまうのだろう。

そう思うことは、とても寂しいことだ。確かに、やるのは自分だ。けれどその過程の全てに人を巻き込むことが大切な気がしている。

全部を自分一人で決めないこと。

できるだけたくさんの人と意見交換しながらみんなで作りたい。

そして最終的に〝全然孤独じゃないスター〟を目指したい。韓国ドラマの1話しか観ていないけれど、それだけでたくさんの「かけ」と向き合うための力を蓄えることができるのだから、我ながら単純な性格でよかったとつくづく思う。まずは、書きかけの歌詞を完成させよう。

できるだけ、あったかい歌詞にしたいのだ。

そして、気づけばまた一つ「かけ」が増えてしまった。

観かけの韓国ドラマだ。

記憶

小学3年生の時、当時住んでいた団地の家に新しいテレビがやってきた。

まだブラウン管で、薄型テレビなど存在しなかった時代の話。

それまで使っていたのとは打って変わり、画面も以前より大きくて、かっこいい。

大きな箱の中から現れたピッカピカのそれを、家族総出で取り出して配線を繋いだ。

全ての線を繋ぎ、僕はリモコンの電源ボタンを押した。

最初に映った映像は『こちら葛飾区亀有公園前派出所』(以下、『こち亀』)だった。

両津勘吉の顔が、それまでよりもずっとずっと鮮明に映っていたのをよく覚えている。

20数年前のとある日曜日の夜、家族が新しいテレビを迎え入れ、歓喜した日のことだ。

けれど、そんな他愛のない日常の出来事は覚えているくせに、幼稚園の時、何組だったのかは覚えていない。中学校の時に習った数学の方程式だって、いまとなってはほとんど覚えていない。

毎年お正月になると、幼稚園から中学まで一緒だった幼馴染たちと集まるのだが、話のネタは決まって昔話だ。

けれど、「あの時洸平◯◯したよなあ」と言われても「そんなことあったっけ」となってしまうことが多々ある。

嫌だったことは忘れ、嬉しかったことだけを覚えておこうとするのが人間の記憶というものだとしても、その理論すら通用しないのが僕の脳みそだ。

今年、２０２２年の正月、実家に帰った時、母が僕に「これ、懐かしいでしょ」と言って見せてきたのは、手のひらサイズの可愛い犬のぬいぐるみキーホルダーだった。

犬には申し訳ないが、全く見覚えがない。

「何それ?」

「え、覚えてないの?」

「うん、全く」

「中学の3年間、あんたが家の鍵につけてたキーホルダー‼」

「嘘だぁ」

「あんたが気に入ってたからいままでも捨てずに取っといたのに‼」

と、こんな具合である。

お気に入りだったキーホルダーのことは忘れているのに、小学生の時買い替えたテレビに最初に映った『こち亀』のことは覚えている。

以前、共演者の間で「100メートル何秒？」という会話になったことがある。みんなおおよその数字であっても、「確か、○○秒くらい」と答えられるのが不思議でしょうがなかった。自分が100メートルを何秒で走れるか、どうしてそんなことを覚えているんだろう。

しかしどうやら、自分には瞬間的な記憶力はあるらしい。

2021年、とある番組で円周率3.1415926535589を含む数ページの台本を3分で覚えるチャレンジをしたのだが、なぜか覚えられたし、2022年9月現在撮影中のTBS日曜劇場『アトムの童《こ》』にいくつも出てくる難しいゲーム用語だって覚えられる。

でも、それらの台詞を本番のカメラ前ですらすらと言うことはできるのに、「カタカナのヌってどうやって書くんだっけ」みたいな時もある。

いつの間にか誰かを忘れたり、誰かが言って胸に刺さった言葉を思い出せなくなるのは嫌だな、と最近よく思う。だから多くの人に出会い、別れを繰り返す人生の中で、時の流れの速さに感《かま》けて大事なことを忘れてしまわぬよう、人の顔をよーく見るようになった。言葉もただ聞くのではなく、忘れないように心のノートにメモするイメージで会話するようになった。

たとえ遺伝的な何かや、先天的な性格があったとしても、憧れを忘れずに生きていくことはできる。いつだってカタカナのヌをさらっと書ける人間でいたいし、今度家の近所の公園で100メートルを何秒で走れるか計って、それをいつまでも忘れずに語れる男になりたい……。

そんなことを思っていた矢先、母が僕の自宅に荷物を届けに来た帰りのこと。

母を駐車場まで送る道すがら、僕は自宅の鍵を入れている小さなポーチを見せた。

それは数年前、母がアフリカ旅行のお土産で僕にくれた、ゾウの刺繍が施された小さなポーチ。

「これ、使ってるよ」

「何それ？」

「え、くれたじゃん。アフリカのお土産で」

「そうだっけ？」

やはり遺伝的なものはあるなと思った。ぽけーっとした顔で僕を見た母の顔をいつまでもよく覚えている。忘れないように、よーく見ておいた。

終わりの時

自分の前世について考えたり、生まれ変わったら何になりたいか、という会話が盛り上がるたびに、心がちょっとだけクッとなる。

〈クッとなる〉とは、虚しい気持ちになる、という意味だ。もちろん僕が勝手に作った言葉である。

たとえば会話中、「あなた前世は◯◯だったわね」なんて言われるたびに、その証拠はどこにもないし、その人の目にしか映っていないものを信じるにはあまりにも根拠が少なすぎるとつい思ってしまう。

生まれ変わったらサッカー選手になりたいと思って来世に期待した挙句、「申し訳ありまっせえ〜ん、残念ながら来世の制度はありません」と言われてしまう可能性だって往々にしてある。

だから、この手の話で盛り上がるたび、必ず心がクッとなってしまう。と同時に、チェッとも思う。まあ要するに「人生は一度きりなんて、神様のケチ！」と思うのだ。

けれど、これぱかりはどうしようもないこと。僕の人生は、期間限定だ。いまだけなのだ。次はない。もう一度言うが来世はないと思っているタイプなので、僕はこの貴重な1回にわりと懸けている。

そんなある日、友人がこんなことを教えてくれた。

「なんか、噂だけど、死んでも次のステージがあるらしいよ。しかも、次は地球じゃなくて別の星」

その言葉で、一瞬時が止まった。青天の霹靂とはこのことか。

もう一回、だと？　しかも、次は別の星？　なんだ、そのワクワクする人生のセカンドステージは。

「マジ？」

「うん、らしいよ」

「誰情報？」

「え〜っと、誰だったかは忘れたけど、そうらしい」

飛び跳ねて喜びたい気持ちになったのも束の間、次の瞬間には、そのふわっとした情報源に一抹の不安を覚えた。

このソースがない情報を、どこまで鵜呑みにしていいのだろう。信じたい気持ちはあるが、これも結局、「申し訳ありまっせえ〜ん、そういった制度はありません」と言われてしまう可能性を考えてしまう。

誰も教えてくれない死後の世界へ向かう時、「もうお腹いっぱい生きた」と思えるようでありたいと願うのは当然のことではないか？と思う。

僕にはやりたいこと、やらなければいけないことがたくさんある。

時間ができたらキャンプに行きたいし、釣りにも行きたい。

海外旅行もたくさんしたいし、カーテンを開けると目の前に東京タワーが見える部屋に住んでみたいし、犬を飼いたいし、オーロラも見てみたい。昼まで寝ていたいし、宇宙から地球を見てみたい。柔軟剤がなくなりそうだから買いに行きたいし、いまは甘いパンが食べたい。髪の毛を金色に染めてみたいし、いろんな人と話したい。

これらを全部叶えようとすると、圧倒的に時間が足りないのだ。

だから、いまを大事に生きるしかない。だって1回なのだから。

輪廻転生という言葉がある。今世で徳を積んだ者は来世でも人間としての魂を授かることができる話や、セカンドステージは別の星で、というまるでロールプレイングゲームのような人生の話は、とてもワクワクするし信じてみたくなる。けれどもし、それら全てが架空の話だったとしたら。おっと、こうしちゃいられない。

人生の終わりとは、一体どんなものだろう。息をしなくなった身体から抜けた魂は闇へと消えていき、僕という人間はどこへ行くのだろうか。想像したところで答えなど出るはずもない。人はいつ死ぬか分からない。1年後かもしれないし、明日かもしれない。

いまの僕にとって、生きるとはチャンスだ。

命ある限り、何にだってなれるし、どこにだって行ける。何かを始めるのに「遅い」なんてことはないのだ。僕の母親なんて、40歳を過ぎてからサーフィンを始めて、週末になると海へ出かけているそうだ。

いまもチクタクと時計の針は進み続けていて、確実にサヨナラへと近づいている。

この世に生を享《う》けることができたのだから、頂いた時間をちょっとでも無駄にしたくない。

そしていつか来る終わりの時、ゆっくりと閉じてゆく瞼はきっと、舞台の幕のようだろう。そして閉じ切ったあと、暗闇に向かって叫ぶのは、「ケチ！」とか「もう一回！」とかじゃなくて、こんな台詞にしたい。

「素敵な一度きりをありがとうございました。もうお腹いっぱいです」

タンテキくん

行け！タンテキくん！
Excuse me!
?
Where is Davinci station?
説明難いな…
Thank you!!
Let's go together

2022年11月23日に発売される初めてのフルアルバム『POINT TO POINT』のレコーディングが全曲終了した。すでに発売、配信された楽曲に加えて7曲の新曲を収録し、その内の5曲を僕自身で書き下ろすことにした。

このアルバムを制作しながら同時進行で連続ドラマ2本を撮影していたので、家で作業する時間だけでは間に合わず、移動中の車内や休憩中の楽屋でいつも歌詞を書いていた。

新しい5曲のうち、最も苦戦したのが『体温』という曲だ。

同タイトルで発売された写真集のストーリーと連動させて、出会いと別れ、そして再会を綴った恋の歌を作ろうとしていた。

しかし歌詞が完成するまでに結局2ヵ月以上かかってしまった。どうしてこんなにも時間がかかってしまったのか。

その理由は、5分の中にドラマチックな展開を美しく収めることがどうしてもできなかったからだ。

何度も何度も試してはみたのだ。曲の転調に合わせて一番盛り上がる最後のサビパートで「あの日サヨナラしたはずのあなたと、偶然街ですれ違い、都会の真ん中で互いに見つめ合った」的なことを書きたかったのだが、先に仕上がったメロディーの中に、音との相性を考えながら「的な」内容をはめ込んで小節を埋めることがどうしてもできない。書いてはスタッフさんに確認してもらい、書き直してはまた見せる。しかし満足いくオチにどうしても辿り着かない。

散々悩んだ結果、この曲では再会までを描かない方向にした。別れのあと、2人がどうなったのかは聴き手に委ねる形となった。

登場人物のキャラクターについて分かりやすく書かなければと思い、つい書きすぎてしまうと、必然的に状況説明の言葉が多くなってしまう。シンプルで、でも聴く人の心根まで想いやイメージが届く歌詞。これが難しい。

これは歌詞の話ではないが、話が上手い人は、道を教えるのが上手い人だと思う。「どこどこまで行きたいのですが」と聞かれた時、話が上手い人はいらない情報を脳内で省きながら説明することができる。逆に、回りくどい言い方をすればするほど、聞き手は混乱する。

頭の中で明確な地図を想像して「ここの角を曲がった先にあるコンビニの説明とかをすると、かえって分かりにくくなるな」というような判断ができているかがとても重要な気がする。時々、ドラマの番宣で「○話の見どころを教えてください」と聞かれた時、あれもこれも説明しようとした結果、結局どんな話なのかが伝わらず、作品のよさを見失ってしまうことがある。「今回の新曲はどんな曲ですか?」と聞かれた時も同じ。要は、「端的に」が大事なのだ。

植田まさし先生の4コママンガ『コボちゃん』の中に好きなお話がある。読者の間では〈宝物の回〉と言われるもので、おじいちゃんの宝物が何か知りたいコボちゃんを、姿見の置いてある部屋まで向かわせるおじいちゃん。

宝物は鏡に映るコボちゃんなんだよ、となんとも粋なやり方で伝えようと、「もっとむこう」と姿見の場所まで誘導し、左手にある姿見の前にさしかかったコボちゃんに「そのへんの左に見えるだろ」と言うおじいちゃんの台詞で終わる回だ。たった4つのコマの中に、優しさと愛おしさが詰まっている。

めちゃくちゃ話がズレたけれど、僕もたった一曲の中にたくさんのものを詰め込んでみたい。『体温』という曲に限らず、これからも言葉を探す旅は続く。短くても、一つ一つのフレーズに想いを乗せて。

そうだ、芝居だって同じだ。

どんな長台詞より、ただ黙って立ち尽くしただけのカットに泣かされることだってある。大事なのは質量なのかもしれない。どれだけ想っているかが相手に伝わった瞬間、人は感動する。

アルバムの制作が一段落し、気づけば２０２２年もあと２ヵ月ほどで終わろうとしている。僕は全国ライブツアーを行いながら、また曲を作る。

短くても、想いがぎゅっと詰まった歌を書きたい。そんなことを思いながら、完成したばかりのアルバムを聴いている。

お正月について

２０２２年12月も間もなく終わろうとしている。

明日の『２０２２ＦＮＳ歌謡祭』生放送での歌唱に向けて、そろそろ寝なくてはいけないのにもかかわらず、気づくとかれこれ1時間以上スマホを見てしまっている自分がいた。現在午前0時ちょっと過ぎ。一向に瞼が重くなる気配がないので、この原稿を書いている。

ちなみにスマホで何を見ていたのかというと、ＳＮＳで流れてきたパンダが人参をむしゃむしゃとおいしそうに食べる動画と、カメラロールに入っている今年1年の写真や動画である。今年はライブツアー2本、連続ドラマ2本、舞台を1本、映画も2本公開したし、写真集も出版できた。そしてシングルやアルバムのリリース。その他にもたくさんの現場を経験した。

この時期になると「今年を振り返ってみてどうでしたか？」「来年の抱負を教えてください」という質問が増えてくる。

そのたびに毎年同じようなことを言ってしまう自分の生き方はどうなのかなと思う。しかし今年もこの質問に対して「来年も一つずつ、丁寧に満足いくものづくりを」と答えてしまう。

「来年はね、もうめちゃくちゃにしてやろうかと思ってるんですよ」とか言ってみようかとも思うが、嘘が嘘を呼び取り返しのつかないことになるのは嫌だから、こう言うしかないのだ。

さて、師走真っ只中の僕には悩みがある。それは、来年のお正月の過ごし方についてだ。来年も数日間のお正月休みがあるが、毎年これといって変わった過ごし方はしておらず、ただ地元で幼馴染と会い、家族とおせちを食べて、ちょっとだけ顔を丸くして仕事始めを迎えるのが恒例だ。しかし来年は何か違うことをしたい。そう思っている。

忙しい時ほど、「あれがしたい」「ここに行きたい」などと夢を語っては時間のせいにして叶わないと嘆くくせに、いざその夢を叶える時間を与えられると、案外どうしていいか分からない。

兼ねてからユニバーサル・スタジオ・ジャパン（以下、ＵＳＪ）に行きたいと熱望していたのだが、お正月に僕とＵＳＪに行ってくれる友達が果たしているか？

仲のいい友人はきっと年末年始は帰郷しているだろうし、お世話になっている先輩方はきっとご家族と過ごすだろうし。いや、そもそもお正月にＵＳＪは営業しているのか。

そうだ、現在ナレーションを担当させていただいているＢＳ-ＴＢＳの旅番組『美しい日本に出会う旅』で以前特集した青森県のストーブ列車に乗るのはどうだろう。雪景色を見ながら車内のストーブでスルメイカを焼くのだ。それをあてに日本酒を飲みながら進む列車の旅。そして夜は雪見風呂だ。でも、一人で行くのは寂しい。どうせなら数人で行きたいところだ。じゃあいっそ飛行機に乗って行ったことのない国にでも行くか。けれど、誰かが一緒に行ってくれないとつまらない。

結局あれだ、何をするにも一人が嫌なのだ。うわ。ものすごく面倒臭い自分の性格が浮き彫りになっただけの文章が出来上がってしまった。

一人旅なんて絶対にできない。おいしいものを食べたら誰かと分かち合いたいし、綺麗な景色もどうせなら誰かと見たい。困った。

この回が２０２３年（雑誌掲載）１発目の「フキサチーフ」となる。新しい１年の始まりと共に皆様に読んでいただく最初の内容が〝一人じゃ何もしたくない35歳の独り言〟になろうとしている。そしてこの回が載った号が発売される頃、僕は2023年の正月ボケをなんとか乗り切って新しい作品作りに邁進しているはずだ。果たして僕は例年のマンネリ化した寝正月を打ち砕き、まだ見ぬ世界へ飛び出すことができるのだろうか。次回は「◯◯な正月休みだった」的な内容を執筆する予定でいるので、そこで見せたいと思う。これまでにないダイナミックなお正月を。

何はともあれ、今年もたくさん働いたし、たくさん泣いてたくさん笑った。失敗もしたけれど、見つけたものもあった。

来年も一つずつ、丁寧に満足いくものづくりを。

これ、毎年言うんだろうな。でも本当のことだから仕方がないのだ。よし、寝よう。

元旦が晴れてる理由

新しい1年が始まった。

年をまたぐ、ということを僕はいつもこうイメージしている。もう余白がないほど書き込んだスケッチブックを1枚めくり、次のページへ進む。時計の針が0時ちょうどを指す時、目の前には真っ白な新しい画用紙が現れる。僕は1年かけてこの真っ白な画用紙にいろいろなことを書き込んでいく。人との出会い。成功や失敗、泣いたり笑ったりしたことの全てをここに記していく。

いまある生活に区切りをつけて進む、それは簡単なことではない。

何かを断つことや、捨てるという行為もまた同じ。ダイエットや禁煙、禁酒、自分の中にあるモヤモヤを思い切って手放すことなど、どれも実践するには勇気がいる。

年に1度、年越しというイベントに託《かこつ》けて、真新しい自分に生まれ変われるよい機会にもなっているんじゃないかな、と思う。「HAPPY NEW YEAR!」と叫ぶけれど、僕はいつも心の中で「HAPPY NEW ME!」と叫ぶのだ。

新年の始まりと共に、僕は新幹線で京都に向かっていた。

前回「今年の抱負は?」と聞かれたら「めちゃくちゃにしてやろうかと思ってる」と言いたい、なんてことを書いたくせに、ちゃんと指定の座席に座っているし、シートも後ろの席の人の迷惑にならない程度に倒している。めちゃくちゃとは程遠い、人様に迷惑をかけまいとする新年の僕だ。

そして、車窓を流れる空を見ながらあることに気がついた。

〈なんでお正月っていつも晴れてるんだろう〉。

もちろん僕の住む地域に限っての話だが、思い返せばこれまでの自分の記憶に土砂降りの元旦なんてあっただろうか。いや、ない。たぶん。

雲一つない空を見ながら向かったのは、京都駅から車で約1時間の滋賀県、信楽。僕にとってはもう一つの故郷であり、陶芸の師匠がいる場所だ。

散々正月の過ごし方について迷走していた前回が懐かしい。僕はお正月、師匠の下で作陶させていただくことにした。

陶芸と出会って約3年半。そう頻繁にろくろを回すこともない僕の腕前は一向に上達する気配がないのだが、それでいいと思っている。

自分の好きなペースで好きな作品を作る。そしてそれは、誰かに評価されることを必要としない。それでいいのが趣味というものだ。

師匠と合流し、早速工房にお邪魔した。作陶できる山小屋があり、その横には小さな穴窯がある。穴窯とは斜面に穴を掘った窯だが、師匠の窯は斜面の上にカマクラの様に煉瓦を積み作った地上式の薪窯で、その中で作品を焼く。

電気の力は使わず、薪を焚《く》べて2日間、寝ずに温度を調節しながら焼き続ける。師匠の窯の最高温度は1280度。ちょうど師匠が穴窯で作品を焼くところだったので、僕もこの日は深夜まで火の番をさせてもらった。

温度が安定してきたら、みんなで満天の星の下、BBQをした。外の気温はマイナス2度まで下がっていて、なんでこんな寒いところで肉食うてんねやろう、と笑い合った。気づけば僕も純度100%の関西弁になっていた。

翌朝は作陶をして、お茶碗や小物をいくつか作り、気が済むまで土を触って、僕のお正月旅行は終わった。自分の服が炭のすごい匂いになっていることに気がついたのは、自宅に帰ってからだった。

東京はたくさんの人と灯りで溢れている。欲しいものはきっとこの街に全部ある。けれど、満天の星はない。

人はいつもないものねだりで、何かが足りないという感情と目を合わせないように生きている。今年も僕はこの街で生きていく。何かが足りないと思いながら、探すように。時にはどうしようもない虚しさを覚え、足を止めてしまうこともあるだろう。けれど、これだけは忘れずにいたい。

「帰る場所がある」ということ。

家族がいる街があり、信楽にも故郷があること。そんなことを思いながら、炭の匂いがこびりついた髪と身体を洗い、あたたかいお風呂で冷えた身体を溶かした。

お正月はどうして晴れてるんだろう。

湯船に浸かりながら、もう一度考えてみた。

もしかしたら、あの雲一つない空は真っ白い画用紙を表しているんじゃないかな。

「今年もたくさんの出来事を、この空に残していきなさい」

神様がそんな風に言ってくれているのかもしれない。

成分分析

同世代の俳優やミュージシャンたちと一緒に仕事をしていると「好きなマンガ」の話になる。恥ずかしながら、僕はマンガの世界をよく知らない。

たとえば誰もが知っている人気連載マンガや、世界中で多くのファンを魅了し、実写化も期待される作品など。挙げればキリがないほど、日本のマンガは世界中で高く評価されている。

しかし、そのほとんどを読んだことがない。学生の頃、みんなが食い入るようにマンガを読んでいた頃、僕は一体何をしていたんだろう。

絵を描いたり外で友達と遊んだり、ダンスに夢中になったりしていたとしか考えられない。でも一緒になって遊んでいた友達は、月曜日になると待ってましたとばかりに、コンビニで分厚いマンガ雑誌を買っていた。けれど僕はその分厚いマンガ雑誌をこの手に持ったこともないまま、とうとう大人になってしまった。

ある時友人に、「○○も読んだことないの?」と聞かれ「ない」と答えると、「イイなあ!」と言われたことがある。何がイイのか尋ねると、

「だってあの回のあの台詞もあのシーンもまだ読んでないんでしょ? いまからめ

ちゃくちゃ感動できるってことじゃん！　イイなあ」

という意味だったらしい。確かに。

みんなが食べ終わった大トロ握りを僕だけまだ手をつけずにお皿に乗せている時の〈自分だけちょっと得してる〉みたいな気持ちなのかもしれない。

そんな僕にも、詳しくないとは言いつつ何作か、僕の人生に影響を与えてくれたマンガがある。浅野いにおさんや、羽海野チカさんの作品だ。

なかでもお気に入りは羽海野チカさんの『ハチミツとクローバー』（以下、『ハチクロ』）だ。これは全巻持っている。高校生の頃、美術学校に通っていた僕はこのマンガに出会い、登場する美大生たちの甘酸っぱい片想いのお話を、もろに自分のことのように受け止めていた。どの登場人物も大好きだが、特に好きなのは建築科に在籍していた真山巧という学生で、後に就職した建築デザイン事務所で働く年上の女性に片想いをする。

真山は就職したのにもかかわらず〝未だボロアパートに暮らしている理由〟を、美大の後輩である竹本くんにこう話す。

「欲しいもんがあるから……っつーかイザって時のためかな」

その後、お金に対する真山なりの考え方を吐露する。

「イザ そのチャンスが来た時に それに『飛び込めるか』『飛び込めないか』って単純に お金の『ある』『なし』にかかってくるコトがほとんどな気がすんだよね」

そしてこの後、僕の心をぶん殴ってきた台詞が、「それにさもし好きな女に何かあった時さ『何も考えないでしばらく休め』って言えるくらいはなんかさ 持ってたいんだよね」

僕はこの回の真山を、トム・クルーズよりかっこいいと思った。

男を磨くために必要なのは、筋トレでも美容にお金をかけることでもなく、『ハチクロ』の8巻を読むことなんじゃないか、といまでも思う。

真山みたいな男になれたら、と思う。

のちにこのマンガは映画化され、加瀬亮さんが真山を演じられた時、加瀬亮さんを胴上げしたい気持ちになったことは言うまでもない。そして竹本くんを演じたのは櫻井翔さんだった。僕は当時、映画館でこの作品を2回観て、その後DVDとサントラも買った。

いまでは僕は観る側ではなく、出演する側になったのだが、自分の芝居を成分分析したら、その中に櫻井さんの演じた竹本という役のしゃべり方が何パーセントか入っているはずだ。あの映画の櫻井さんの芝居がめちゃくちゃ好きなのだ。

朴訥とした雰囲気がありながら芸術家らしい頑固な部分もあり、不器用だけど人を真っ直ぐに愛する人物を、とても自然に演じられていた。

人生の成分分析ができたら、面白いだろうな。

僕の身体はたくさんの人たちがくれた言葉や行動によってできている。仕草や話し方、髪型まで、きっと誰かがくれたものだ。

真似てみる。似合わなくってビックリしたこともたくさんあるけれど、いつも始まりは誰かの真似からだった気がする。

ちなみに音楽を始めた19歳の頃、『NANA』というマンガにどハマりして、ヴィヴィアン・ウエストウッドのネックレスをしていた話は、またいつか。

好き嫌い

苦手な食べ物がある。子どもの頃からどうしても、しめじと椎茸が食べられない。マッシュルームや舞茸などのキノコ類も、かれこれ数十年食べていない。

食感とかではなく、単純に味がどうにもこうにも僕の口には合わないのだ。食わず嫌いなわけでもなく、いままで何度か試みた末、やはり僕はあの独特な苦味と土臭い匂いが苦手という結論に至った。

ある時、こんなことを言われた。

「本当においしい椎茸を食べてないからだよ！」

なるほど。ということでいつだったたか、料亭で最高級であろう椎茸の天ぷらを一口頂いたことがあった。するとどうだろう、それには僕が主張してきたあの独特な味がぎゅっと、それはそれはもうぎゅっと濃縮されていて、なんなら一番食べられない椎茸だった。

苦手な食べ物がある人に「本当においしい◯◯を食べてないからだよ！」は、絶対に言ってはいけない言葉なんだと知った。

ただ、キノコ全般が苦手なわけではない。実はエノキ茸やなめこは好きだ。いまこれを読んでいるあなたの心の声を当ててみせよう。ズバリ、「好きなのかよ」でしょう。そう、家で作るお味噌汁なんかにはかなりの確率でエノキ茸やなめこが入っている。彼らはしめじや椎茸みたいな苦味の主張がないし、食感がシャキっとしていたり、ぬるっとしていたりとエンターテインメント性があって、シンプルな汁物にはピッタリだ。

「おいしい」と感じる食べ物は人それぞれだ。もっと言えば、「好き」「嫌い」は人それぞれだし、いいと思うかどうかはその人の主観だ。

この世は主観で溢れかえっている。

舞台で演じていると、主観的に「今日の芝居はダメだったな」と思う日に限って、共演者から「今日の芝居、いままでで一番よかったよ!」なんて言われることもある。本当に不思議だ。

また僕は、何かを作って誰かに見せる仕事をしているから、みんなに「いい」って思われたい。

けれど、それは難しいことも知っている。

自分がいいと思って作ったものが、必ずしもみんなにとってもいいものではないことを、己の中で認めた時、人は少し大人になるのかもしれない。でも、そう思えるようになるにはちょっと勇気がいる。

最近「アンチ」という言葉をよく耳にする。SNSのおかげで、人が簡単に誰かのものに「いい」「悪い」を言える世界になった。しかもそれは時に数字という形に化けて出てくる。僕自身、その数字という化け物に何度も足を掴まれ転びそうになった。そんななかで出会う様々な人たちと心を通わせていくのは簡単なことではないと思う。

誰かにとってのおいしいは、誰かにとってはまずいだし、誰かにとっての大切が、誰かにとっての敵だったりするのだから。しめじや椎茸が好きな人たちは、僕が苦手と感じるあの味が好きなのだ。

僕の一番好きな映画が、誰かにとってはこの世で一番嫌いな映画だったりもするだろうし、考えや嗜好が全部一緒なんて人はこの世にはいないのだろう。

昔、こんなことも言われた。

「椎茸が嫌いなんて、人生の半分を損してる！」。そう言われた時も、なんだか妙に悲しい気持ちになったのを覚えている。

でも、自分の嫌いなものや好きなもの、そして作ったものを否定されたからといって、その人の全てを突っぱねてばかりいると、人はとても孤独になってしまうかもしれない。歩み寄り、譲り合うことが大切だ。

人であること以外、あとは全部違う。でも奇跡みたいにそのなかで時々、似たようなものを見つけ合えた時、なんだか無性にその人を愛おしく思えたりする。たとえば好きな芸人さんや子どもの頃好きだった遊びが一緒だったり、誕生日が同じだったり。

ただ、そんな相手とだって、もちろん合わない時もあるだろう。

その人の大好物が椎茸だったとする。でも、トマトが大嫌いだったとしたら。僕ならばその人のお皿に椎茸をそっと乗せて、代わりにトマトを貰おうと思う。そうやって優しく譲り合えたらいい。トマトがたくさん食べられるから嬉しいな、とか言いながら。

じいちゃん

僕は八王子にある高尾山の麓の病院で生まれた。

子どもの頃、何かというと高尾山に登って遊んだ。夏になると蛍を探しに行ったり、紅葉の季節には画用紙と絵の具を首にぶら下げ、絵を描きに行ったりもした。

しかし中学2年生の頃、親の仕事の関係で生まれ育った高尾を離れることになった。まあ離れるといっても、市内の別の街に引っ越すだけのことだったから、転校したりすることはなかった。

新しい住まいは2世帯住宅のような造りになっていて、一軒家の半分には母親の両親、つまり僕のおじいちゃんとおばあちゃんが住んでいた。もう半分の家にはかつて曾祖母が住んでいたのだが、亡くなってから数年は空き家になっていた。

引っ越すにあたり、リフォームして綺麗に生まれ変わったその曾祖母の家は、僕の新しい実家となった。小さな庭を挟んで祖父母の家とウチとが繋がっている造りで、小鍋を持った祖母が時々ベランダの窓を叩き、作りすぎた煮物なんかを届けに来てくれたりもした。

僕の祖父は、大学で教育学の教授を務めていた。60歳で定年退職をし、その後も講演したり、教育に関する本を出版したりしていた。祖父の書斎は壁という壁が本棚になっていて、おまけに机の上にも廊下にも2階に上がる階段にも、本が山積みになっていた。

じいちゃんは、本の匂いがする人だった。

そんなじいちゃんの目が見えなくなってしまったのは、僕が高校1年生の頃だ。白内障の症状が悪化し、僅かに光を感じる程度まで視力が低下してしまったのだ。

その瞬間、じいちゃんが人生を懸けて読み書きしてきた3000冊以上の本たちが、そこにあると躓いて転びかねない危険な紙の束へと変わってしまった。

「参ったねえ」。そうつぶやくじいちゃんが、これらを処分すると決めるのはとても勇気がいったと思う。

しかし、あってももう読むことはできないものになってしまったいま、それらに囲まれて生きていくには余りにも量が多すぎることも分かっていたのだろう。そこで当時16歳だった僕は、途方に暮れるじいちゃんの「古本大処分祭り」を手伝うことにした。

山積みになった本を1冊ずつ手に取って、僕がタイトルを言っていく。それを聞いたじいちゃんが「いる」「いらない」を言う。

そうやって分けていくのだ。なぜ「いる」本が存在するのか当時から疑問ではあったが、読めないなら全部ゴミというわけではなくて、「いる」本は存在そのものに愛着があるものなのだろうと解釈した。

とにかく、感傷に浸っている場合ではない。書斎の椅子に座っているじいちゃんにタイトルを読んであげる。

「大正自由教育と経済恐慌」

「いらない」

「大正新教育の思想」

「いる」

「大正新教育の実践」

「いらない」

「え？　こっちはいらないけど、こっちはいるの？　たぶんだけど、大体の内容一緒だよ」

「いいからタイトルを言いなさい」

「えっと、大正自由教育の、こう、こう、えっと草冠に、なんか、」

「光芒、じゃないか？」

「たぶんそう」

「いる」

途中、どっちの目が見えていないのか分からない状況にもなりつつ、毎週日曜日、2人で埃を被った本たちと闘った。1年以上かかったけれど、おかげで足の踏み場もなかった書斎や階段から、結構な数の本が消えた。それでも一般的に見れば多い量は残ったのだろう。

そしてあの膨大な作業の日々から、20年が経った。じいちゃんとばあちゃんは今年、2023年に90歳を迎え、いまは2人仲良く老人ホームで暮らしている。食欲全開、ゆっくりではあるけれどじいちゃんと話すことだってできる。

しかし認知症は進行し、今年の正月、じいちゃんはついに僕のことを忘れてしまったようだ。

いいんだ、仕方のないことだから。本人だって忘れたくて忘れたわけじゃない。ここ最近は実家の老朽化も進み、ウチの家族は数年前に住まいを移したし、祖父母があの家に戻ることはもうないと思う。

読めなくても、「捨てたくない」と言ったじいちゃん。学者としての自分を、本で繋ぎ止めていたかったのかもしれない。

残されたのは、誰も読まない本たち。

それらをいま、引き取り整理しに来てくれる人たちがいる。じいちゃんが教授をしていた頃の教え子の方々だ。状態のいいものは全て大学に寄贈してくださるそうだ。

人はいつか死ぬ。

「ずっと」なんてないんだな、と思う。けれど、生きた証を繋いでいくことはできる。

僕を忘れたじいちゃん。

でも僕は覚えてる、だから書こう。
いまここに書いて、本に囲まれたじいちゃんの日々を残しておこう。

闘争心

僕は格闘技の試合を見るのが好きだ。

子どもの頃から好きだったわけではなく、興味を持つようになったのはここ数年のこと。

きっかけは、たまたま目にした「K-1 PREMIUM 2004 Dynamite!!」での魔裟斗選手対山本〝KID〟徳郁選手の試合映像だった。この試合を見た時、なぜだか涙が出たのだ。

命を懸けて戦う姿に胸が熱くなって、それからというもの、僕は日本の格闘技に興味を持つようになった。暇さえあれば、ボクシングや総合格闘技の試合を見ている。かといって、「自分もやってみたい」と思うことはない。あくまでも見る専門だ。

なぜなら、僕には「闘争心」というものがほぼないのだ。小学生の頃、「男の子は強くなきゃ！」という親の教えの下、空手道場に通っていたことがあった。何度か地元の実践空手大会に出場したこともある。しかしながら、僕はその大会で勝った経験が一度もない。分かりやすく言うと、激弱だった。

いまでもよく覚えている。ヘッドギアとグローブをつけて、相手と向き合った時の恐怖を。

「始め！」のかけ声と共に猛然と近づいてくる相手の拳。その拳が僕の顔面めがけて飛んでくるや否や、僕は恐れ慄いて逃げ回るのだ。逃げる松下、追う相手だ。

案の定、僕はいつも1回戦負けを食らい、そのあとは普段同じ道場で練習をしている同学年の仲間たちの試合を道場の隅でぼんやりと見ていた。

「誰かを倒したい」「拳で相手を打ち負かしたい」という気持ちがあまりないのを、その頃から自覚していた。もちろん、試合に出るからには負けたくないという気持ちにはなったけれど、いざ突進してくる相手を目の前にすると、いつも頭が真っ白になっていた。

通っていた道場では型《かた》の稽古もあり、それは実戦ではなく演舞だったので、動きを覚えては、なんかダンスみたいだ！なんて思いながら、それだけはいつも真剣に練習していた。そして型をギリ評価され最後は茶帯まで巻かせてもらったが、小学校を卒業するタイミングで「やめます」と親に宣言し、僕の短い空手人生は幕を下ろした。

いまとなっては、「心」「技」「体」を鍛えるためにも続けておけばよかったと後悔するところもあるが、当時の僕にその選択肢はなかった。

そんな自分が、20数年後の2023年現在、プロ格闘家の方々から、いつも興奮と感動を貰っている。僕に足りない闘争心を、試合を見ることで補っているのかもしれない。

スポーツの世界には、「勝ち負け」がある。しかし、僕の仕事や日常にはそれがない。いつも評価や結果は曖昧なものだ。ボクシングのようにライセンスも必要ないので、プロやアマの境界線もあるようでない。もしもお芝居の世界が得点制で評価されるものだったとしたら、僕はとっくにやめてしまっていたかもしれない。誰かと戦うのが苦手だから。口論も苦手だ。

唯一闘う相手がいるとしたら、自分なのだろう。日々、「おい、どうなんだい自分」なんて言いながらやっている。

如何せん管理するのが自分なので、だいぶ甘めというか、そんなに追い込んだりはしないけれど、時々は自分で自分をグーパンチする時だってある。

たとえば現在。

「深夜にラーメン食うな、浮腫《むく》むぞ」という自分と、闘っている。

格闘家の人たちは過酷な減量をしなくてはいけないから、試合前にラーメンを食べると計量オーバーとなり、試合に出られない可能性がある。時にラーメンで大切な人を裏切ることになるのだ。

しかしいまの僕が深夜にラーメンを食べても、ちょっとだけ顔の丸い人がテレビに映るだけである。

よし、こんな時こそ自分の足に自分でカーフキックだ。さらに台所に行こうとする自分をテイクダウンして、最後は三角絞めを決めよう。応援してくれる人たちのためにも、ラーメンを控えるんだ。

以前、アスリートの方がテレビでこんなことを言っていた。「勝った経験が自信になって、次の勝利を呼ぶ」と。この勝利を無駄にしないよう、僕はこれからも闘い続ける。ラーメンへの欲求に勝った自分の次なる相手は「なかなかお風呂に入ろうとしない自分」だ。

エッグトースト

とあるテレビ局のプロデューサーさんと話していた時のことだ。

その方とはこの日が初対面だったので、簡単な挨拶を交わしたのち談笑していた。立場の違いはあるものの、一つの作品を一緒に作るもの同士、しかも僕と同い年だったこともあり、これまでどんな作品を作ってきたのか、いつもどんな想いでドラマを作っているのか、と妙に熱い話になった。

しばらくして、会話は〈今後やりたいと考えている新しいドラマの企画〉の話になった。

プロデューサーさんは僕に「こんなドラマを作りたい」と熱心に語ってくれた。あれを熱弁と言わずしてなんと言おう。僕はひたすら聞いていた。計った訳ではないけれど、体感で15分以上。

その企画自体が面白かったということもあるが、何よりもその熱い想いを僕も受け止めようと、いつしか彼の目をしっかりと見つめ、ただ話を聞いていた。

何か大切なことを伝えようとしてくれる人との会話で、受け手が最も大切にしなければいけないのは、話の内容もさることながら、〝その想いそのものが語り手にとってどれほど大切なものなのかを分かろうとする気持ち〟なのではないかと思う。

上手く話せなくたって、何度言い間違えたって、言葉足らずだって構わない。大事なのはバイブスだということを、教えてもらった気がした。

僕はあの時、うんうんと頷きながら黙って話を聞いていたけれど、その間、彼の目の奥で燃える炎を見ていた。

好きなものや、ことについて熱く話す彼の顔をずっと見ていたら、不思議とその人の幼かった頃の顔を想像することができた。

だからなんやねん、と思われるだろうけど、僕としては素敵な発見だった。

想いに嘘偽りのない彼の言葉や瞳は、まるで大好きな戦隊ヒーローを語る少年のそれだった。見たことはないけれど、「ああこの人、ちっちゃい頃こんな顔だったんだろうな」なんて思うと、なんだかとても愛おしく思える。最後まで精いっぱい話を聞こう、そう思えたのだ。

僕は元来、人と話すのが好きなので、現場で監督やメイクさん、スタイリストさんともいろいろな話をする。「最近〇〇にめっちゃハマってて」という誰かの熱弁を聞く時はいつも、申し訳ないが話の内容7、それを語る本人から溢れるバイブス3、ぐらいの割合で受け止めて話を聞いている。

先日、無類のパン好きの方とドラマの現場で話していたのだが、例によってどこその食パンがおいしい、とか、この間食べたメロンパンが最高だったとか、そんな話を熱く語ってくれた。

そもそも、パンが好きになったきっかけはなんだったのかを尋ねると、中学生の頃、クラスにあまり馴染めず学校に行くのを苦痛に感じていた時期があったそうなのだが、ある日学校の近くにパン屋さんができて、そのお店のエッグトーストが最高においしかったからだそうだ。分厚いトーストの上に目玉焼きが乗っている、とてもシンプルなものだったけれど、その素朴な優しい味に感動したらしい。

それ以来、帰りにそのエッグトーストを買うのが楽しみになり、自然と学校に行くこと自体、億劫に思わなくなったという話をしてくれた。

「パンに救われたんです。だからいまはその恩返しがしたくて、おいしいパン屋さんを見つけては買って食べているんです」

恩返しするなら、そのエッグトーストを売っていたパン屋さんの店主にじゃないかな、と思いつつも、そんな野暮なことは言わずに熱い想いを聞きながら想像してみた。

その人の中学生の頃の顔――。ニコッと笑う口元にはトーストのパンくずがついているように見えた。

栗山さん

2023年7月、舞台『闇に咲く花』の稽古が始まった。

この作品の初演は1987年で、僕が生まれた年と同じだ。初演から36年の間に何度も再演を重ね、2023年の今年は約11年ぶりの公演となる。初演から演出を務めるのは栗山民也さん。稽古での熱い演出に、とにかく食らいつく日々だ。

2幕構成で全6場、大体が台本にして1場20ページほど。その中で俳優たちはよく動き、よく笑い、よく泣き、上手《かみて》から下手《しもて》を駆け回る。栗山さんは長きにわたりこの作品の演出を務めているので、俳優の大まかな動きや動線が頭に刻まれている。なので、稽古の進行スピードが尋常ではない。けれど、決して過去の公演をなぞるだけではなく、上演する時代ごとに「進化」し続けている。この作品のテーマでもある「戦争」というものが他人事でなくなった昨今、観客に届けるメッセージはより過激になり、リアリティを増している、と栗山さんは話す。

全6場なので、6日間で幕開きから最後までの全ての台詞と動きを脳と身体に叩き込む。暗記力がものをいう現場だ。稽古が終わる頃には皆さん頭から湯気が出ている。そして、毎日の恒例行事のように各々が居残りして、その日稽古したことを台本に書いたり復習したりしている。

稽古が始まって数日、すでに僕の台本はシワだらけになっていて、開くと中には稽古中に貰ったダメ出しが汚い字で書き記してある。後々読み返しても、自分で書いた字なのになんて書いてあるのか分からない、ということがよくある。

そんな日々を過ごしながら「ああ、栗山さんの稽古だなあ」なんて、今日も妙に呑気なことを考えてしまった。

栗山さんとの出会いは、遡ること12年前。僕が24歳の頃だ。ミュージカル『スリル・ミー』という作品のオーディションに参加した時のこと。あの日のことは、いまでも鮮明に覚えている。なぜなら２０１１年3月12日、東日本大震災の翌日だったからだ。必死の思いで会場に向かい、芝居をした。そしてオーディションが終わり、部屋を出ようとした時、栗山さんは僕に一言だけこう言った。

「来てくれてありがとう」

あとで聞けば、あの日会場に来た全ての俳優にそう伝えていたそうだ。多くのエンタメが、果たしていま必要なのかどうかを問われてしまっていた状況下にもかかわらず、オーディションを開催してくださった舞台関係者の皆さん、そして栗山さんの想いに、演劇人としての覚悟と強さを見た気がした。けれど、その言葉を受け取った時、僕は何も言えず、ぺこりと頭を下げただけになってしまった。でもあの日、言葉では上手く言い表せないけれど、「自分は演劇を一生続けたい」そう思った。

お芝居をすること、板の上で生きることが一体何になるのか、あの頃の僕は若すぎて分からなかったし、知ろうともしていなかった。ただ目立ちたいとか、有名になりたいとか、そんなことばかり考えていた。けれど、演劇にはもっと多くの学びと気づきがあって、自分にとっても観客にとっても、舞台だからこその豊かな時間がそこにはあるのかもしれないと思った。そして、僕はその機会を下さったことへの感謝と共に、絶対にいい俳優になるんだ、という勝手な「使命感」を持ったのだった。

あれから時は経ち、30代半ばを過ぎたいまもこうして栗山さんの現場に立たせていただいているが、実は未だにご本人に言えていない言葉がある。あの日の「来てくれてありがとう」という言葉への「こちらこそ、呼んでいただき本当にありがとうございました」という返事だ。

いくつになっても半人前で、ゴールのない世界だからこそ、その言葉がなかなか言えずにいまに至る。心の中では何度も唱えてきたけれど、ご本人に直接言ってしまったら、なんだか「終わっちゃう」気がしたから。

人生であと何作品栗山さんとご一緒できるかは分からないけれど、これからも一本でも多く携わりたいと願う。

だからいつか、改めて言いたいなと思う。それまでは、栗山さんとの現場が終わるたびに同じことをお伝えすることにしている。「また呼んでください」と。

そのたびに栗山さんは少しだけ笑って、頷く。そして小さな声で「おう」と言うのだ。

夏の口癖

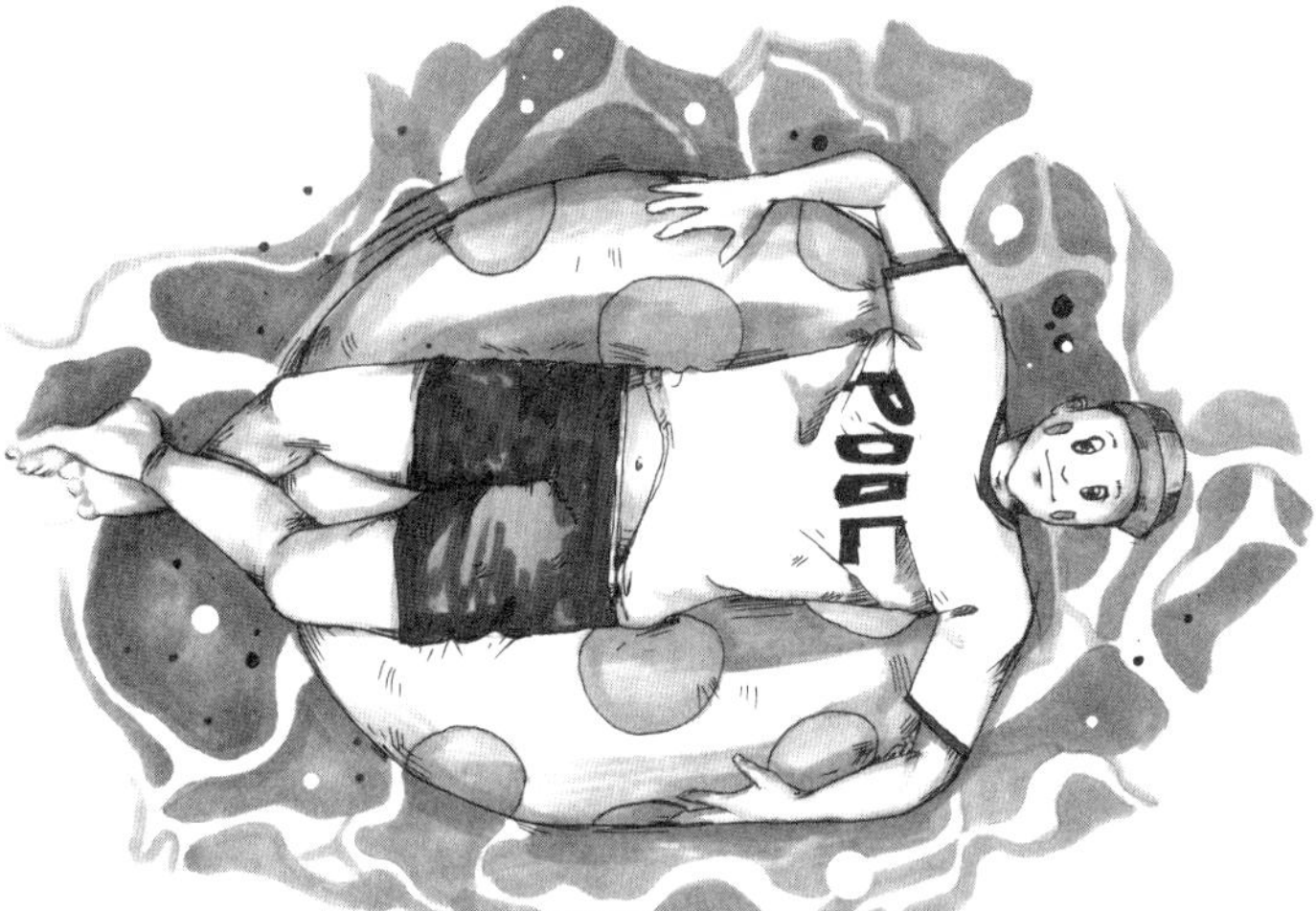

夏だ。35度を超える猛暑日が続くこともある。

最近では仕事現場に着くや否や、衣裳さんやメイクさんにかける第一声が「暑いですねえ」になっていて、もうこれが固定化しつつある。

2023年8月現在は舞台『闇に咲く花』の本番中なので、日中外に出る機会はあまりないのだが、今朝も洗濯物を干そうとベランダに出ようもんなら、ここはサウナですか?と言いたくなるほどの熱風が僕の肌に当たる。

洗濯物がすぐ乾くのはありがたいけれど、この暑いなかでも日本中のどこかでドラマや映画のロケをしているチームがいるんだと思うと、雲一つない空に向かってエールを送らずにはいられない。

そして「暑いですねえ」の他にもう一つ、僕が夏になると必ず言う口癖がある。

それは、「うわ、今日絶対プールあるわ」だ。

これを言い出したら、今年も本格的な夏到来!とでも言いましょうか。

なんのこっちゃだと思うので、ちゃんと説明すると、話は小学生の頃まで遡る。

夏になると体育の授業はプールの時間になった。

ただ、僕はプールの授業が嫌いだった。泳げない、わけではない。では得意かと聞かれたら、得意というほどでもない。まあ、普通だ。いや、普通よりは下手だ。クロール以外はほぼできない。まあ、とにかく泳ぎがどうも苦手だった。

しかも僕が小学生の頃は、プールに入る前に――なんだろうあれは、なんというのだろうか――身体を消毒する塩素の浴槽みたいなところにチャポンと浸からなくてはいけなかった。あの浴槽の匂いも苦手だった。

そしてもう一つ、どうしても好きになれない時間があった。授業の最初、準備運動をしたあとみんなでゆっくりとプールに入ってまず行うのは、向かいのお友達と水をかけ合いましょう！のコーナーだった。これは、水に慣れることを前提としていたのだろう、いま思い返しても嫌がっていたのはクラスで僕一人だけだったのだが、これがもう、とてつもなく嫌だった。

シンプルに溺れそうになる。「ちょ！　やめて！　何するんだ！」ってなるのだ。

両手をフルに使って僕にバシャバシャと水をかけてくるクラスメイトの笑顔が、水飛沫の向こうに見える。僕も負けじと懸命に水をかけようとするのだが、こちとら苦しくてそれどころではない。

毎年夏になると「ブアファ！　ブワファ！」という僕の情けない声が、暑い夏に溶けていくのだった。

プールの時期になると、各々好きなキャラクターがデザインされたビニールバッグに水着とゴーグルとタオルを入れて登校するようになるのだが、僕はあのビニールバッグを見るのすら嫌になってしまっていた。授業の日が雨だとプールは中止、体育館で大縄跳びとかになってくれる。

だからこの頃から、朝、雲一つない夏の空を見るたび「うわ、今日絶対プールあるわ」とつぶやくようになった。

あれから月日は流れ、大人になったいま、フィットネスジムにプールがあったりするとトレーニングがてらちょっと泳いだりする。

泳ぎは全身を使う有酸素運動なので、日々の体力作りや筋トレには持ってこいだ。授業ではないので自分のペースで泳げるし、冷静になって練習してみたら平泳ぎもできるようになった。疲れたら休んで、またちょっと泳いでの繰り返し。なかなか楽しい。

何よりも、向かいのお友達と水をかけ合いましょう！のコーナーはもうない。けれど今朝もベランダに出ると、反射的に「うわ、今日絶対プールあるわ」と日差しの眩しさも相まって、とても険しい顔でつぶやいてしまうのだった。これはもうお爺さんになっても、夏になると毎年思い続けることなのかもしれない。

洗濯物を干しながら、僕と同じようにプールの授業が苦手な子のことも想う。

今日はプールがあるかもしれないが、どうか自分のペースで乗り切ってほしい。上手に犬かきをしてみせると、みんな笑ってくれるし、盛り上がるよ。泳ぎが苦手でも、ちゃんと大人になれるし、練習すれば平泳ぎだってできるようになるから安心して、今日も行ってらっしゃい。

雲一つない空にエールを送った。

運転手さん

スマホのメモアプリに、こんなことが書いてある。

〈469　66　14％　私は4回見ている〉

果たしてこれが何を意味しているか、お分かりになるだろうか。もちろん分かるはずがないので早々に説明すると、これはある日の昼下がり、タクシーに乗った時のことだ。

後部座席に座り行き先を伝えると、スムーズな運転で車は走り出した。「安全運転で参りますが、念のためシートベルトをお締めください」と丁寧な口調で伝えてくれたので、なんだか素敵な運転手さんだなあと安心していた。しばらくすると、スマホでInstagramを見ている僕に、運転手さんがこう話しかけてきた。

「お客様、つかぬことを伺いますが」

突然話しかけられたので驚いたのだが、僕はタクシーの運転手さんと話すのが好きなので、「はい、なんでしょう?」と答えた。

ところが、そこで運転手さんの口から思いもよらぬ言葉が返ってきた。

「UFOを見たことはありますか?」

あまりに唐突すぎる質問だったので、一瞬時が止まった。がしかし、次の瞬間脳内でもう一人の僕がこう言った。「おもろ!!!」

僕は「ないです」と答えた。運転手さんはこう続けた。

「私はご乗車いただいたお客様に時々この質問をするんです。そしてこれまで、469人のお客様にUFOを見たことはありますか?と質問してきました」

年の頃でいうと50代前半で物腰は柔らかく、とても品のある男性が優しく語るものだから、僕は益々この話に興味を持った。

「では僕が470人目ですね」と言うと、これまた優しい笑顔で頷き「これまで聞いてきたなかで、66人のお客様があると答えてくださいました。約14%の方がUFOを見たことがあるとおっしゃったんです」。

残念ながら僕はUFOを見たことがないので、その確率を上げることはできなかったが、その頃には僕はInstagramの画面をとっくに閉じていて、メモアプリに「469　66　14%」と打ち込んでいた。「フキサチーフ」でこの出会いを書く気満々だ。

「私はこれまで4回見ているんです」

そこから運転手さんがＵＦＯを目撃した時の様子を教えてくれた。子どもの頃に1度、学生の頃に1度、タクシーの運転手になって間もない頃に1度、4回目は奥様と休みの日に買い物をしている時に目撃したそうだ。

どれも同じような形をしていたらしく、最初はやけに巨大なシャボン玉が空に浮いているなと思ったそうだが、それが段々と近づいてきてビルとビルの隙間をひゅ〜っと通り抜けたり、旋回しながら雲の中へ消えていったらしい。

僕には霊感もなければ、スピリチュアルな体験をしたこともないけれど、地球外生命体に関しては、きっといると思っている。なんせ銀河系には2000億個の恒星が存在していると言われ、そのまわりには地球とよく似た星もあるとされているのだ。その中で生き物が存在するのは地球だけ、なんてあり得ない。たぶん。知らんけど。

なので、この運転手さんの言っていることにきっと嘘はないと思った。ＵＦＯをよく見る人がいる。どういう理由かは分からないけれど、そういう人ってなんとなく、引き寄せられる何かを持っている気がする。そしてそれはきっとＵＦＯに乗っている人も。いや人ではないか、乗っている方……の目的は何か知らないけれど、観光とかじゃないと思う。たぶん。

きっと運転手さんのように真っ直ぐな心の持ち主に引っ張られて、「あっちに行ってみよう」と舵を切っているのではないか。

道中話を聞きながらそんなことを考えていると、タクシーは目的地に近づいていた。この話に大きなオチなどいらないし、むしろ「いや実はね、こないだついに連れ去られましてねぇ」とかそういう話にならないでほしいと願い始めた頃、無事、到着した。

財布を出そうと鞄の中を探していると、運転手さんは僕にこう言った。

「最近はスマホを見ながら歩く方も多いですが、時々空を見上げて立ち止まる時間もいいものですよ。私が言いたいのは、そういうことです。ご乗車ありがとうございました！」

〈はい、最高。え？　何いまの？　めちゃくちゃかっこいいんですけど〉そう心の中で言う。

タクシーを降りて、空を見上げた。ＵＦＯを探したけれど、それらしき物体は見つからなかった。けれど青い空には大きな雲。深呼吸をした。ちょっとだけ笑顔になれた。素敵なお話をありがとうございました、運転手さん。

お腹が痛くなった時

10年ほど前のお話。お腹の調子が芳しくない時があった。

大騒ぎするほどのことでもないけれど、夜中にお腹が痛くて起きたり、仕事が立て込んでいる日の朝なんかは、ちょっと調子が悪い。一日中痛いというよりは、大概は忘れているのに、ふと。そんな感じだった。

その頃、病院の先生からこんなことを言われた。

「過敏性腸症候群の気がありますね」

心配なことや不安なことがあると、そのストレスが腸に悪さをするそうだ。何か変な食べ物を食べたわけでも、アレルギーによるものでもなかった。整腸剤なんかを飲んでしばらく放っておくと、いつの間にか治っていて、そういやお腹痛いのどっかいったなと思い出すくらいなので、こればっかりは上手に付き合っていくしかないと思っている。

子どもの頃から僕はよくお腹を壊す体質だった。

たとえば小学生の頃、習い事で通っていた空手の地区大会当日の朝、緊張でトイレから出てこられないなんてことがあった。

運動会や遠足、修学旅行などの楽しみな行事の日の朝も、そわそわしてお腹が痛くなっていた。そのたびに一人きり、トイレの便座に座ってうずくまる。すると途端に心細くなって、「早く治って、早く治って」と心の中で何度も唱えるしかなかった。

目を瞑って、チクチクした痛みが消えていくのをただ待っている。すると、どこからか声が聞こえる。

「大丈夫だよ」

ゆっくりと目を開けると、そこに立っていたのは、白衣を着た優しい笑顔の男の人だった。

「目を閉じてゆっくり深呼吸して。すぐ治るよ」

そう声をかけてくれる先生の言う通り、深く息を吸って吐いてを繰り返していると、不思議と痛みが徐々に遠のいていく。

気のせいじゃなく、本当に身体があったかくなってきて、高かった心拍数が落ち着いてくる感覚があった。

「もう大丈夫そう。先生、ありがとう」

そう伝えると、「また痛くなったら、いつでも僕を呼んでね」と微笑んでくれる。

もう一度目を開けると、先生の姿は消えていた。

これは、僕が腹痛を治すために、脳内で勝手に想像したイメージの中の先生だ。

この方法、あまり大きな声では言えないし、言うと可笑しな人だと思われそうで黙っていたけれど、僕にはこれが本当に効くのだ。

大人になっても時々お腹を壊すのは、おそらく精神的なものが原因だと思っている。新しい作品の撮影が始まって気を張ってしまっていたり、役が身体に馴染むまでは悩むことも多いので、仕方がない。

思い返せば、新しい作品に入って間もない頃は、いつもこうやってお腹の調子を崩していたような気がする。そんな時はトイレに籠もって目を閉じる。声が聞こえる。すると、やって来るのだ。

「大丈夫、ゆっくり深呼吸して」

先生は大人になった僕の横であの頃と変わらず、優しく寄り添ってくれる。

「先生は、老けないですね」と言うと、「僕は、不死身だから」と冗談めかして笑った。

辛い時や悲しい時、誰かが側に居てくれる安心感は何よりのお薬だ。ただ寄り添うことしかできなくても、その存在が心をあったかくしてくれる。くだらないやり方かもしれないけれど、僕はこの想像に何度も何度も助けてもらった。そして、いつしかある理想を抱くようになった。

「お腹が痛くなった時、側にいたら治りそうな人」でいたいと。いつも優しくはいられないし、時にはわがままを言ったり、誰かを困らせたりもする。完璧な自分ではないけれど、せめて誰かのお腹が痛い時は、「大丈夫、すぐ治るから深呼吸だよ」と言ってあげることにしている。

聞くと、同じような過敏性腸症候群に悩む人は意外と多いらしい。みんなどうやって対処しているんだろう。なかなか治らない時は、目を閉じて呼んでみてください。皆さんの心の中にもいるよ、先生。

名前のない思いたち

言葉は、どのようにして生まれたのだろう。

いつ、どこで、誰が創り出したものなのか、本当のことは分からない。けれど、一説によれば、その始まりは歌であったのだという。声という音が歌になり、歌が言葉を生み、そしてそれは、長い年月をかけて進化し、地球上の生き物の中で唯一、人間だけが気持ちやものに名前をつけて伝え合ったり、文字にできる生き物になった。

世界中に溢れる言葉たち。その全てに意味があるからこそ、時に誰かを笑わせたり、傷つけたり、守ったりできる。感情に名前をつけて、誰かにそれを伝えることもできる。それでも時々、こんなことを思う。

「この気持ち、なんて言えば伝わるだろう」と。やり場のない怒りや、胸が張り裂けそうな愛おしさ、表しようのない虚無感。それらを誰かに伝えたり、共有したいのに言葉では伝えられず歯痒い思いをするたびに、僕は泣いたり笑ったり怒ったり、歌ったりして伝えてきた。

時々新幹線の静かな車内で、大きな声で泣いている赤ちゃんの声がする。僕はその声を聞くと、お腹が空いてるのかな、とか、暑いのかな、とかいろいろな想像をしてしまう。「暑い」という言葉を知らない赤ちゃんは、きっと泣き声でそれを伝えようとしている。

先日、2歳の赤ちゃんを抱っこした友人に会った。僕はその赤ちゃんに「ん〰〰〰〰〰っま！」とやってみせた。すると、ケタケタと笑った。「変な顔！」と言いたかったのだろう。けれど、まだ言葉を知らないその子は、笑うことで僕にそう伝えてくれているのだろうと勝手に察した。

僕は、どの言葉にも当てはまらない感情を表現する仕事をしている。たとえば台本に「……」と書いてあることがある。2023年11月現在撮影中のドラマ『いちばんすきな花』にも、度々これが登場する。

椿「……」

この「……」に当てはまる正解を探すのが、楽しい。脚本家の生方美久さんは、ここにどんな思いを込めたのか、椿はこの瞬間、何を思ってどんな顔をしておくべきか。自分なりの正解を探してやってみるのだ。

はたまた曲を作っている時、演奏してくれるピアニストさんに「間奏のピアノで、言葉にならない幸せと安心感がありながら、ちょっと切なくて、あと綺麗な夕焼けも見えるような場面を表現してくれませんか」と、わけの分からない無茶なお願いをすることがある。

するとピアニストさんは、言葉にならない幸せと安心感がありながら、ちょっと切なくて、綺麗な夕焼けも見えるような見事な演奏をしてくれる。例えようのない思いを、目には見えないもので形にするのも、俳優やミュージシャンの仕事かもしれない。

一方で3年弱、毎月エッセイを書いていて、文筆家や小説家の方がいかにすごいのか、身に沁みて痛感した。例えようのない思いを、ちゃんと何かに例えてしっかりと表現してしまうのだから。言葉選びと、その運び方、文脈を巧みに使いながら、思いや景色、匂いまでも僕らに届けてくれる。

僕にもそんな文章が書けたら、と思いながら毎月パソコンと睨めっこしてきた。けれど、僕はあまり言葉を知らない。というか、知らなかった。このエッセイを書いてみて分かったのは、いままで僕が作ってきた作品や普段の生活における感情表現は、表情や声、伴奏に助けてもらっていたんだということだ。

音も演奏もない紙の上に言葉を並べることで残してきたのは、昔の記憶やその時出会った人たちのこと。感じた思いを説明する時、普段なら「ヤバかった」とか「エモかった」とか5文字程度の言葉で終わらせてしまうけれど、それを約1700文字にして表現してみると、自分でも忘れていた当時の気持ちをふっと思い出したりした。

エッセイを書いてよかった。まだまだ残したい思いや書きたかったことがあるけれど、それらはまたどこかでお話しする機会があると思う。

だからこれからも、言葉を探すのだ。

名前のない愛おしさや、言葉にならない思いを、伝えられるように。

あとがき

『フキサチーフ』を最後まで読んでいただき、ありがとうございました。雑誌連載開始となる第1回が掲載されたのが2021年4月号なので、約3年半、書き下ろしを含む計36本のエッセイを書いてきました。これまでといま、そしてこれからのこと。僕という人間の日々について、拙い文章ではありますが、残してきました。けれどエッセイの中に一つだけ、あえて書いてこなかったことがあります。

それはコロナ禍についてのことです。

2020年1月頃から、突然テレビやラジオで「コロナ」という言葉を頻繁に聞くようになり、その存在はあっという間に脅威となって僕たちの暮らしを大きく変えていきました。経験したことのないパンデミックに世界中の人たちが苦しい思いをしてきました。

　そんななか始まったエッセイ連載「フキサチーフ」。いま起きていることや、最近感じたあれこれを書いたエッセイの全てに、「コロナ禍下のある日の僕は」という目に見えない主語がつきまとっていました。コロナ禍下であることについて一度触れてしまうと、文章に息苦しさを感じてしまうことになりそうだったので、あえてあたかも「コロナのない世界」かのように書き残してきました。けれど実際には、2m以上近づいてはいけないというお達しがお芝居の世界も変えました。ドラマの撮影中、長い物差しを使って俳優同士の距離を測らなければいけない時期もありました。

　本番以外はフェイスシールドを着用していたけれど、ずっとつけていると自分がつけていることを忘れてしまい、ロケ弁を食べる時フェイスシールドにおかずが当たって膝に唐揚げとかを落とす人が続出したりしていました。当たり前だったことが特別なことになり、マスクをして仕事をすること、人と人との間にアクリル板があることが当たり前の世の中になっていました。

いまでこそ、「フェイスシールド、してたね」なんてことを話せる以前の仕事場に戻りつつありますが、未曾有のウイルスによって失った時間や距離は計り知れません。

　新しい生活様式を受け入れようとみんなが考え、悩み、戸惑った日々。そんな暮らしがあったことを忘れてはならないし、寂しかった気持ちも無駄にしたくない。

　ソーシャルディスタンスという言葉は、人と人との物理的な距離だけでなく、心の距離も離してしまったような気がします。

　だから最近は、楽しい時、いつもの倍笑うようになりました。口を大きく開けて、馬鹿みたいに手を叩いて。まるでマスク越しで伝え切れなかった楽しさや可笑しさを取り戻すように。もちろん全てを取り戻せたわけではないけれど、あの頃の暮らしを懐かしむことができるようにはなりました。

　本書は渦中に始まった連載でしたが、こうして書くことで、コロナ禍という日々に僕の中で「。」をつけられた気がします。

　本の完成までたくさんのお力を貸してくださった編集担当の村井さんをはじめ、

関わってくださった全ての方に感謝しています。

大それたことは言えない性格ですが、全部、僕の大切な作品です。カバーや表紙の絵として何を描こうか悩んでいたのですが、決して派手な暮らしではないけれど、その中にある様々な出来事や感情が詰まったこのエッセイにちなんで、どこにでもありそうな道に立っている自分を描いてみました。

道や空はたくさんの知らない街に繋がっているので、これからも真っ直ぐ前を向いて、時には立ち止まったり迷ったりしながら何かを作って、あなたの住む街にも届けられたらいいなと思っています。

めちゃめちゃ笑顔で。

松下洸平

作中に引用した本
『40周年記念　コボちゃん傑作選』植田まさし（中央公論新社、2022年）
『ハチミツとクローバー 8』羽海野チカ（集英社、2005年）

初出
本書は『ダ・ヴィンチ』2021年4月号～2024年1月号に掲載された
連載「フキサチーフ」をもとに、加筆・修正したものです。
「居場所」「鎧」は書き下ろしです。
文中の時制や年齢の表記は、原則として雑誌掲載時のままとしております。

松下洸平（まつした　こうへい）
1987年、東京都生まれ。2008年、洸平名義でシンガーソングライターとしてデビュー。翌年より俳優活動を始め、NHK連続テレビ小説『スカーレット』でヒロインの夫、八郎役を務め人気を博す。主な出演作にドラマ『最愛』『合理的にあり得ない〜探偵・上水流涼子の解明〜』『潜入捜査官　松下洸平』『9ボーダー』大河ドラマ『光る君へ』『放課後カルテ』、映画『ミステリと言う勿れ』、舞台『闇に咲く花』『母と暮せば』など。俳優としての活動の傍ら、21年にシングル『つよがり』でシンガーソングライターとして再デビューを果たし、22年には2度のデビューを通じて初となるフルアルバム『POINT TO POINT』をリリース。23年12月にリリースした2ndアルバム『R&ME』を引っ提げ、全国12ヵ所14公演を巡るライブツアー「KOUHEI MATSUSHITA LIVE TOUR 2024〜R&ME〜」を開催。写真集に『松下洸平写真集「体温」』がある。

写真（帯）　干川 修
スタイリング（帯）　丸本達彦
ヘアメイク（帯）　KUBOKI（aosora）
DTP　川里由希子
校閲　向山美紗子
企画編集　村井有紀子
編集協力　株式会社キューブ

フキサチーフ

2024年12月13日　初版発行
2025年 2 月25日　 3 版発行

著者／松下洸平《まつしたこうへい》

発行者／山下直久

発行／株式会社KADOKAWA
〒102-8177　東京都千代田区富士見2-13-3
電話 0570-002-301(ナビダイヤル)

印刷・製本／TOPPANクロレ株式会社

●お問い合わせ
https://www.kadokawa.co.jp/（「お問い合わせ」へお進みください）
※内容によっては、お答えできない場合があります。
※サポートは日本国内のみとさせていただきます。
※Japanese text only

定価はカバーに表示してあります。

ISBN 978-4-04-115412-0　C0095